FEDERICO MASTROGIOVANNI

GASTRONAUTA EN MÉXICO

FEDERICO MASTROGIOVANNI

GASTRONAUTA EN MÉXICO

Cómo se alimenta la resistencia

Dibujos de Daniele Catalli

Grijalbo

El papel utilizado para la impresión de este libro ha sido fabricado a partir de madera procedente de bosques y plantaciones gestionadas con los más altos estándares ambientales, garantizando una explotación de los recursos sostenible con el medio ambiente y beneficiosa para las personas.

Gastronauta en México
Cómo se alimenta la resistencia

Primera edición: noviembre, 2025

penguinlibros.com

ISBN: 978-607-386-675-0

Impreso en México – *Printed in Mexico*

A mi padre, Paolo, siempre
contento de probar lo que cocino.
A mi madre, Marisa,
que me permitió estar en su cocina.

Gustas: si quid deest, addes…

APICIO, *De re coquinaria*

No hay sitio en mi cocina para cabras.
Si está viva es hedionda y todo lo devora,
incluyendo mis mesas y bancos. Muerta
es aún más hedionda. Para deshacerte del
hedor de la cabra, deshazte de la cabra.

LEONARDO DA VINCI, *Notas de cocina*

Para entender un país,
primero hay que comérselo.

MARIO NIOLA

Índice

Introducción

Prefiero estar en la cocina. La prefiero seguramente a la sala; sin duda, al estudio; incluso prefiero la cocina a la habitación. Siempre he preferido, cuando he podido, comer en la cocina.

En la cocina de la primera casa en la que viví pasaba las tardes a un lado de mi mamá, que me hablaba y me hablaba, y yo jugaba a que un minúsculo disco de luz que entraba por un hoyito en la puerta del balcón era mi pequeño sol, que era para mí. Lo llamaba *solino*, es decir, solecito. Se estampaba en la base de la estufa de metal, blanca, en la que mi madre preparaba de comer.

Un día, mientras mi mamá lavaba los trastes, quise ver qué se estaba cocinando en el fuego. No tenía más de tres años, yo creo. Se me ocurrió treparme abriendo la puertecita del horno hacia abajo y meter primero las manos y luego los pies ahí arriba, como si fuera un escalón. Mi peso fue suficiente para que toda la estufa se me viniera encima. No me lastimé, no me quemé, pero me asusté mucho. Y recibí un regaño intenso.

Es uno de mis primeros recuerdos. Pero no recuerdo si logré descubrir el secreto de lo que se cocinaba ahí arriba.

En la cocina de la casa a donde nos mudamos después, y donde todavía vive mi padre, había una mesa rectangular con patas de metal. Debajo de ella tenía mi pequeño mundo. Me metía ahí mientras mi madre cocinaba, y tenía una casita miniatura hecha de objetos: botones, alfileres, un dedal, hilo, pedacitos de Lego y muñequitos de los que me encantaban, de una caricatura llamada *M.A.S.K.* Cada muñequito articulable tenía una máscara que se podía quitar. Ahí creaba mis historias, mis aventuras, y de repente salía a ver qué hacía mi mamá.

En una casa de campo que algún día tuvimos, mi mamá mandó construir una cocina grande, con suficiente espacio para todos, para la familia y para los amigos que a menudo iban a visitarla. Se comía en la cocina, se platicaba, se reía, se peleaba ahí. Cocinamos decenas de platillos en ese espacio que hoy habita quién sabe quién.

Muchos años después, en una cocina me llegó la noticia de la muerte de mi madre. Fue en casa de mis amigos Abù y Giulia, en Roma. Me había refugiado con ellos en espera del momento que sabía inminente, días después de la Navidad de 2020, cuando el covid-19 se llevó a mi madre y su cuerpo debilitado después de años de alzhéimer.

La cocina de mi casa actual es minúscula. A duras penas puedo estar yo parado ahí. Es frustrante no poder moverme. Pero los amigos que me visitan saben que en ese espacio angosto es donde logro encontrar un poco de paz, donde puedo pensar mientras pico una cebolla, mientras frío unas papas, mientras lavo los platos o coqueteo con las plantitas que abundan en una maceta de mi ventana.

En una cocina he recibido las mejores y peores noticias; he llorado de tristeza, de coraje y de felicidad; he abrazado, he amado, he odiado con toda mi fuerza. En una cocina me siento en mi lugar, aunque me siga quemando, cortando, lastimando, encabronando.

En una cocina siento que doy lo mejor de mí. Pero solo si puedo cocinar para alguien más, por ejemplo, para mi hijo Emiliano, para mi papá, para mis amigos. Si tengo que cocinar para mí es como si se muriera la creatividad y se me quitaran las ganas de hacerlo. Soy capaz de preparar platillos de calidad, pero me falta el objeto del amor.

En la cocina se confrontan la vida y la muerte.

Este libro es un viaje por las cocinas de las personas que resisten, para cocinar con ellas y entender sus luchas, sus alegrías, sus tristezas, sus preguntas o sus soluciones. Es un viaje periodístico, entendiendo al periodismo como una eterna travesía en busca de respuestas que no hay.

En la lucha no se trata realmente de ganar o perder, porque se pierde y se gana todos los días. La resistencia es crecimiento, aprendizaje; es entender que la lucha es cotidiana, que cada día se tiene que volver a empezar desde el inicio, se tiene que volver a trazar estrategias, a sacar las ollas, los sartenes, a preparar platillos, y, luego, una vez acabado de comer, se tiene que volver a lavar los trastes, a poner orden, a guardar las sobras. Prepararse para un nuevo día, una nueva batalla, un nuevo aprendizaje, nuevas preguntas sin respuestas.

Y el aprendizaje es también entender que uno puede ser derrotado cada día, y cada día se vuelve a empezar. Cuando se evita al oponente en el tablero, no hay otro sitio a donde ir.

Porque me gusta comer, me gusta cocinar y me gusta escuchar y narrar historias.

I. Churipo

Nahuatzen, Michoacán

Ingredientes para 10 personas

5 kg de carne de res (chamorro con hueso, maciza de chamorro, aldilla y costilla)

3 zanahorias

2 cebollas

1 col

4 chayotes

Chile guajillo

1 cabeza de ajo

Cilantro

Sal

Pimienta

Tomate verde

Agua

Aguacate

Aguacates.

Ese verde oscuro, como la profundidad.

Lo que hay son huertas de aguacates, hasta donde llega la mirada, en estos cerros verde oscuro que me rodean, que fueron bosques. Fueron y ya no son.

De estos cultivos de aguacate, la gran mayoría son nuevos; los árboles son jóvenes, se nota, pues no llegan ni a los dos metros de altura.

Son nuevos y clandestinos.

La gran parte de estas huertas de aguacate no tiene autorización para existir. Pero existen. Como muchas cosas. Subes por ese cerro y no ves más que aguacates. Y luego bajas, y también. Y así todos estos kilómetros que estoy recorriendo.

Viajo en coche por los caminos de Michoacán en dirección a Nahuatzen, el "lugar donde hiela", porque quiero cocinar un churipo con Toño Arreola, y le pondré aguacate encima.

De haber pasado por aquí hace unos tres o cuatro años, no estaría viendo aguacates, estaría viendo bosque. Pero no.

Hace más de 10 años que no vengo.

Sin embargo, recuerdo.

Reconozco estos cielos. Creo. Me parecen familiares, como un cielo puede parecer familiar. He recorrido estos caminos, fue hace muchos años; esta carretera verde y azul que de la ciudad de Morelia lleva a la meseta purépecha, pasando por el lago de Pátzcuaro.

Recuerdo la emoción de la aventura, el efecto de la adrenalina que alteraba nuestra percepción de la realidad y nos producía placer. La conciencia del peligro de una cobertura de alto riesgo nos hacía sentir vivos, fuertes, valientes. No era la convicción de hacer algo importante; era curiosidad, camaradería, deseo de compartir algo fuera de la normalidad. Además, queríamos estar presentes en el hacerse de la historia, o por lo menos de un pedazo de la historia, el que nos había tocado.

Viajaba por estos caminos en una pickup plateada, una que ya no existe, pues se volcó años después en otra aventura de la que no fui parte. Iba con Serafín, compañero fotoperiodista, purépecha, que llevaba una trenza larga que le llegaba a la mitad de la espalda. Una pareja bizarra: un italiano pelón, güero, barbudo; un fotógrafo greñudo, indígena, moreno. Reíamos mucho, fumábamos mota, el sentido del humor nos ayudaba a templar la tragedia del fragmento de mundo que nos tocaba describir.

La trenza Serafín ya la cortó. Yo sigo pelón.

Entonces reconozco este verde. El verde intenso, oscuro, de las hojas del aguacate.

Son 11 los municipios de la meseta purépecha, este rincón occidental de Michoacán. Nahuatzen no está lejos de Morelia, la capital, con sus acueductos que presume, con su festival de cine, con sus conventos y su cantera rosa que parece siempre recibir el beso de un atardecer. Serán, ¿qué?, unos 100 kilómetros. Pero se torna otro mundo una vez que pasas el lago de Pátzcuaro.

De esos 11 municipios, varios han logrado, en los últimos años, ganarse la autonomía administrativa, siguiendo el camino iniciado en 2011 por Cherán, cuya lucha es un modelo para comunidades indígenas que quieren recuperar un autogobierno basado en los usos y costumbres. También en Nahuatzen se ha desarrollado un movimiento que busca la eliminación de los partidos políticos en favor de la autonomía, y la sustitución de las instituciones oficiales con gobiernos indígenas.

Los purépechas viven en un territorio que alguna vez estuvo cubierto de bosques y ahora se ha llenado de aguacates: el oro verde de México, que de ser una bendición, se ha convertido en una pesadilla.

Desde hace años Michoacán es, por mucho, el productor principal de aguacate en México. Las montañas de aguacate se exportan a Estados Unidos. Los productores se enriquecen. Parecería que a todos les va bien.

Pero no. No les va bien, por ejemplo, a los productores que no se han querido alinear o a los que no han podido entrar a la asociación de aguacateros, que representa solo a los más ricos.

Es como el "club de Toby" de los aguacateros. Los productores pequeños tienen que llegar con los grandes a negociar la compra de su cosecha, porque solo a través de ellos pueden colocar el producto en el mercado. Y los grandes son quienes determinan a qué precio el mundo compra el aguacate.

Un verdadero cártel: un acuerdo entre productores que establece el precio de un producto y elimina a la competencia. El cártel de los aguacateros.

Entonces, los pequeños productores venden su cosecha a los grandes, que hacen pasar el aguacate como si fuera de sus huertas registradas y lo comercializan en el extranjero. La autoridad que debería revisar si los plantíos son legales o no da por hecho que no hay huertas clandestinas. Y no las hay. Estas que veo frente a mí, no lo son. Evidentemente.

Los grandes aguacateros de Michoacán tienen un vínculo muy íntimo con el gobierno del estado, cuya misión es garantizar todas las facilidades a los productores de aguacate para que tengan acceso a aguas y tierras. Se podría decir que el estado de Michoacán está al servicio de los aguacateros. Se podría.

Testículos del árbol. Eso significa *ahuacatl* en náhuatl.

Estuve una vez en una aguacatera con Serafín, fue en 2013.

Habíamos recibido una llamada del doctor Mireles la noche anterior. José Manuel Mireles Valverde, en ese momento, era uno de los líderes de los grupos de autodefensa armados que se habían formado en diferentes municipios de Michoacán para oponerse al grupo criminal conocido como "Los Caballeros Templarios".

"Mañana vamos a tomar Tancítaro", había dicho la voz del doctor Mireles a Serafín, "¿quieren ir?".

Por supuesto que queríamos ir, aun sabiendo bien que la frase "vamos a tomar Tancítaro" significaba que habría un enfrentamiento armado, muertos, heridos.

Nos preparamos para la acción.

La acción es cruzar la Tierra Caliente de Michoacán amontonados en una camioneta plateada, fumando mota con los fotógrafos que se quisieron sumar de último momento; es detenernos antes de llegar a Tancítaro a cargar gasolina; es quedarse encerrados en la camioneta en el estacionamiento de la gasolinera durante el vaivén de gente armada, porque al italiano se le ocurrió ir a cagar justo ahí, a ese baño pútrido que parece el de *Trainspotting*; es llegar a las afueras de Tancítaro y tomar fotos a los cadáveres recién matados bajo la sombra de estos árboles de aguacate, mudos, inmóviles, oscuros y cargados de frutos; es ver los helicópteros del Ejército y de la Policía Federal que sobrevuelan la zona como insectos metálicos, mientras un autodefensa con chaleco antibalas y un AR-15 en la mano derecha nos advierte que si nuestro compañero fotógrafo allá en la arboleda no deja de correr, enloquecido por el miedo, lo más seguro es que le vayan a disparar, que lo van a confundir con un caballero templario en fuga, no vaya a ser.

Los cuerpos en la aguacatera fueron jóvenes, ahora son muertitos; tienen expresión de sorpresa. Uno parece que está solo tomando una siesta, que al rato se va a levantar, cinco minutos más, es tan rica la sombrita; el único elemento desafinado: ese zapato que, quién sabe por qué, se le ha zafado y está ahí, siniestro, acostado de lado, a unos centímetros del pie envuelto en un calcetín de algodón blanco. Llevan puestos pantalones de mezclilla que, si te acercas, lucen impregnados por algo oscuro, unas manchas color vino tinto; camisas de cuadros, tenis, sudaderas con capucha. Su piel es morena; el corte de su pelo, al estilo militar; sus manos, diseminadas de callos como la gente que trabaja la tierra; todo igual a los que los mataron y deambulan por ahí todavía embrazando el fusil. Los malos y los buenos se parecen. Están ahí. Inmóviles como esos árboles de aguacate, descansando bajo las hojas verde oscuro, como la profundidad.

Han pasado 12 años. La carretera corre en medio de huertas de aguacate. Los arbolitos no deben tener más de un año. Son huertas clandestinas, terrenos cuyo uso de suelo es forestal o tiene otro tipo de propósito, pero seguro no es producir aguacate.

La Asociación de Productores y Empacadores Exportadores de Aguacate de México (APEAM) se encarga de regular y verificar la certificación de las huertas para que el aguacate pueda venderse en el mercado de Estados Unidos. En la práctica, sin embargo, funciona como tapadera para los productores de aguacate certificados, pues les permite adquirir el producto de huertas clandestinas y certificarlo.

El gobierno del estado es la autoridad competente para autorizar el cambio de uso de suelo, pero en Michoacán toda la superficie destinada para la siembra ya está saturada, no queda más espacio. Así que la única opción para seguir plantando aguacate, para atascar de guacamole a los gringos, es robar tierra de zonas protegidas y reservas naturales, las cuales dependen del gobierno federal y sus instituciones, como la Comisión Nacional Forestal, la Sagarpa o la Profepa.

Hoy lo único que se ve por kilómetros son huertas de aguacate, nuevas y clandestinas.

Los cerros alrededor fueron incendiados. Lo que era bosque ahora es una mancha chamuscada que pronto será pasto para plantar aguacate.

El gobierno estatal ha perseguido a las comunidades por tala clandestina; no obstante, son estas las que la han logrado detener.

La tala clandestina es indispensable para limpiar los espacios condenados a ser huertas de aguacate.

Miro a mi alrededor. El monte está pelón, pero no estaba así hace unos años. Esos árboles quemados por el fuego eran bosque tupido hace un año y esto es lo que se puede ver al pie de la carretera. Metiéndome más hacia el monte sería más evidente.

Me queda claro que es el crimen organizado el que lleva a cabo la tala clandestina. Las empresas productoras y comercializadoras acuden a estos grupos criminales, que hacen el trabajo sucio. Se ven pasar camiones con troncos gigantes.

Ya llegué a Nahuatzen.

Toño me recibe a la entrada del pueblo. Avanza en el viento frío de la mañana con las manos clavadas en los bolsillos de los pantalones de mezclilla, los hombros ligeramente encorvados, la mirada irónica. Sonríe socarrón porque no pude encontrar el camino correcto y llevo 15 minutos dando vueltas con el auto. Tuvo que ir por mí al entronque con la carretera que lleva a Cherán.

—Te perdiste, ¿verdad?

Toño se sube al coche y arrancamos.

—¿Le doy derecho, Toño?

—Simón. Ahí síguele. Leve, porque están los baches.

—¿Baches? ¡Más bien barrancas!

—Bueno, pues ya el gobernador le invirtió 170 millones.

—Órale, sí se ve. Díganle al ayuntamiento que haga algo.

Toño suelta una carcajada.

—Ya ves que tenemos pleito... —Se refiere a los políticos que gobiernan Nahuatzen en lugar del concejo comunitario—. En la siguiente a la izquierda y busca lugar cerca del muro. Ya llegamos.

Ese delirio de grupos armados que me había tocado contar entre 2013 y 2014 era el mismo caldo en el que estaban sumergidas las comunidades indígenas de Michoacán. La violencia había empezado a propagarse en la meseta purépecha: extorsiones, amenazas, secuestros, asesinatos. Las comunidades se inundaron de droga, sobre todo cristal, y los habitantes estaban muy asustados. Los comuneros de Nahuatzen decidieron organizarse y defenderse. Y en efecto lograron, tras ese primer esfuerzo, expulsar a miembros de los grupos criminales que estaban causando estragos en la comunidad. Después se organizaron políticamente como lo había hecho Cherán, es decir, instalando una policía comunitaria, armándola y enfrentando a los grupos criminales. El paso siguiente fue buscar el autogobierno, que suponía tareas más complejas como el suministro de agua, de luz, el cuidado de los bosques, el combate a la tala ilegal.

El movimiento había sido voluntario hasta que en 2017 el concejo tradicional pidió al estado de Michoacán la asignación de presupuesto público a la comunidad. Después de una serie de procedimientos legales, los comuneros lograron que se reconociera formalmente su autogobierno y les proveyeran fondos.

Pero la autonomía no le gusta al aparato del Estado, como demuestran los hechos de Arantepacua.

Arantepacua es una comunidad del municipio de Nahuatzen, son vecinas, distan pocos minutos en auto. Arantepacua inició su proceso de autonomía y el 5 de abril de 2017, cuando los comuneros estaban en discusiones con el gobierno del estado, algunos miembros del concejo de gobierno fueron detenidos arbitrariamente. La comunidad organizó una manifestación y fue a rescatarlos. Ya de regreso a casa, los comuneros se dieron cuenta de que, mientras no estaban, la comunidad había sido sitiada por agentes de los que entonces se llamaban "GOES", o sea, Grupos de Operaciones Especiales (a partir de 2017 el gobernador del estado, Silvano Aureoles, desapareció los GOES y los sustituyó con la Unidad de Restablecimiento del Orden Público). De inmediato empezó una confrontación con las fuerzas de seguridad y los GOES que se fueron contra toda la comunidad. Dispararon, golpearon, torturaron. Y desarticularon a los comuneros. El saldo fue de cuatro comuneros purépechas asesinados a balazos —entre ellos un menor de edad—, 31 heridos y 38 detenidos.

Para el gobierno de Silvano Aureoles la ejecución extrajudicial y los abusos de sus esbirros se justificaban porque la manifestación se tenía que contener con el legítimo uso de la fuerza.

Hoy Silvano Aureoles es prófugo de la justicia por peculado, lavado de dinero, asociación delictuosa y ejercicio indebido del servicio público por haber desviado más de 3 mil 400 millones de pesos durante su mandato. En ese entonces afirmó públicamente que nunca más se permitiría otro Cherán. Con esa dirección empezó a criminalizar el esfuerzo del autogobierno de Nahuatzen.

Por su parte, el ayuntamiento decidió dejar de entregar el presupuesto que le correspondía al gobierno comunitario. Para ello era necesaria alguna justificación de peso que legitimara la decisión. Y la manera en la que decidieron hacerlo fue a través de la criminalización: se inventaron una serie de situaciones por las que el ayuntamiento acusó de sabotaje al movimiento y al gobierno comunitario. Señalaron a tres comuneros como responsables directos: José Antonio Arreola Jiménez, su primo José Luis Jiménez Meza y José Gerardo Talavera Pineda. Los detuvieron el 1 de noviembre de 2018 y fueron condenados a siete años de prisión. Después de más de tres años, su abogado logró ganar un amparo que argüía que nunca se había considerado que ellos formaban parte del gobierno tradicional de la comunidad y que desde ahí ellos estaban en ejercicio de sus derechos.

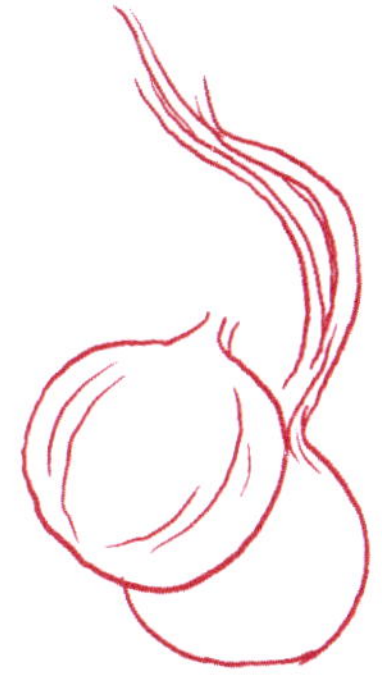

Para entrar en casa de Toño hay que meterse a la tienda de abarrotes de la esquina. Debajo del águila negra del logo de la cerveza Tecate se lee: "Abarrotes Doña Pera". Con la espalda recostada en la jamba de la puerta está la dueña de la tienda. Se llama Esperanza, pero en el pueblo la conocen como doña Pera. Me mide con la misma mirada irónica de su marido Toño. Me dice: "Pase, por ahí". Por ahí es detrás de las estanterías llenas de latas de atún, de chiles, de sopa, de botellas de refresco, de bolsas de papitas, de jabones; detrás de la barra de lácteos, entre cajas de caguamas retornadas. Ahí, al fondo a la derecha, hay una puerta abierta, y es donde me meto. Y ya estoy en casa de Toño.

Es un adentro y un afuera. Todavía no acaba la sala y ya es un patio. Nos sentamos en sillas de una madera oscura, alrededor de una mesa de la misma madera cubierta por un mantel blanco y un plástico transparente. El cuadro de la última cena colgado arriba de la mesa está hecho con la técnica del repujado. Estamos sentados con los apóstoles. A un lado de la televisión, encajada en otro mueble de madera, una representación de un metro de alto de san Judas Tadeo vigila con su mirada sabia y buena esta sala que se vuelve patio. Pero es la Virgen de Guadalupe rodeada de rosas, desde un cuadro también repujado colgado en alto a pocos centímetros de san Judas, quien asegura la protección de la casa.

Sentados alrededor de la mesa, Toño y Pera relatan el periodo en la cárcel. No siempre es Toño quien cuenta lo que vivió adentro. A veces es Esperanza, quien no lo ha experimentado directamente, pero lo sabe. Esta historia ya ha sido contada. Aquí las historias se cuentan y se recuentan, una y otra vez.

Toño y Pera se interrumpen, se sobreponen, uno acaba las frases del otro, y en poco tiempo hacen referencia a personas, situaciones, datos, relatos que solo ellos conocen, una narración familiar incomprensible a los extraños. Pero hablan como si fuera obvio que todos sabemos todo.

A la cárcel la llaman "escuelita" o "universidad". Cruzan miradas cómplices. Pera recuerda la humillación que vivía dos veces a la semana, cuando intentaba llevarle a su marido encerrado un churipo que ella le preparaba.

—Yo llevaba bien las comiditas, tenía que ser transparente el tupper, y una cuchara, porque te lo revisaban y, si no miraban, los guardias revolvían la comida, y, si no traías cuchara, lo hacían con la mano. "Nooo", le decía yo, "pues quédatelo tú ya". ¿Cómo le iba a entregar a Toño la comida así? Le llevabas tus guisos acomodaditos, pero ya luego de verlos te da asco. O luego lo vaciaban a bolsas de plástico, con todo y tortillas, entonces ya te descomponían el guiso.

Dos veces a la semana doña Pera iba al Cereso de Uruapan, a 45 minutos de Nahuatzen. Le pregunto cuánto tiempo duró así.

—Tres años y cuatro meses exactos. Las hacía el miércoles para ir el jueves temprano. Y las hacía el sábado en la tarde para el domingo temprano.

La voz se confunde con el ruido de la licuadora. Pera ya se levantó y ahora está parada detrás de mí, preparando un guiso para la comida de hoy: chicharrón en salsa verde.

En algún momento empezaron los secuestros de comida. Toño lo recuerda y suelta una carcajada amarga. Pera preparaba sus manjares, los llevaba al Cereso para su marido preso, los guardias los secuestraban y le pedían rescate para que Toño los pudiera recibir.

—Pero yo puse una queja —dice Toño con orgullo—. Dejaron de hacerlo porque no querían broncas conmigo, con el preso político.

Pera asiente y pica cebolla, pica zanahoria.

—A veces los custodios hacían "perdida". Les gustaba tanto la comida que se la quedaban ellos y no se la entregaban a Toño. Una vez hubo un pleito grande y un reclamo grande por eso de la comida —recuerda Pera—. Porque era el 25 de febrero, el cumpleaños de Toño. Yo le había llevado su mole —levanta la mirada con el cucharón de acero en la mano y lo mueve como un director de orquesta con su varita—. Creo que te había hecho un mole, ¿no, hijo? Un mole, le había llevado un mole y su sopa. Y les dije: "Pero ¿sí me la van a dejar pasar?". Pues sí. Y pues nada, se la comieron los canijos ahí, y aquel se quedó esperando.

Toño se ríe encorvado en los hombros.

—Debe haber estado muy bueno el mole que hiciste —le digo a Pera sin poder evitar reírme yo también.

—¡Pues yo creo!

—¿Qué era lo que más les gustaba a esos canijos?

—Esa vez se quedaron con el mole. Luego hacía mucho tostadas de tiritas de filete de pescado y una vez se quedaron también con eso. Les ha de haber gustado.

—A lo mejor ellos no tienen a nadie que les cocine tan bien…

—Pues sí, pero… tragones, tragones y sinvergüenzas, porque ellos bien pueden salir a la calle a comprar.

—Sí, pero si se lo pueden robar y nadie les dice nada…

Me mira y sostiene el cucharón en el aire un momento. Luego lo baja y voltea hacia la olla.

—Vamos a hacer una sopita de arroz y vamos a cocer unos tomatitos para hacer unos chicharroncitos.

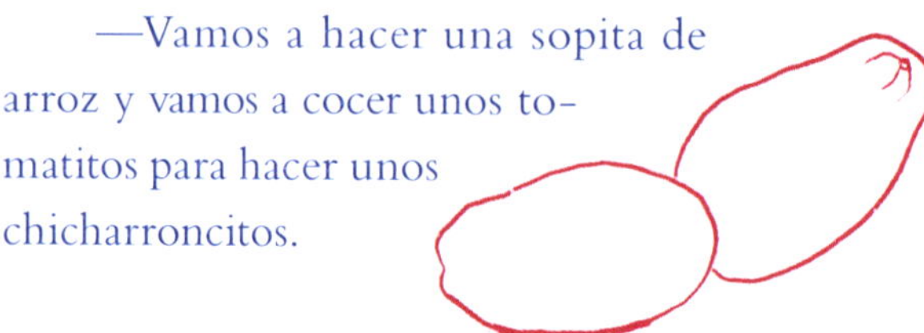

Gloria Herrera Ruan habla con una sonrisa dulce que impregna sus palabras, también cuando las palabras cuentan algo muy doloroso. Gloria está en el movimiento por la autonomía de Nahuatzen y, mientras Toño estuvo en la cárcel como preso político, fue fundamental tanto para sacar a sus compañeros de prisión como para seguir manteniendo unida a la comunidad alrededor de la lucha.

Estamos en el patio de su casa, paredes altas de concreto que de un interior llevan a una parte externa que funciona como cocina, en medio de la cual hay una gran fogata, una olla de barro, un comal. También brilla el cobre de una enorme olla para hacer carnitas. Más allá inicia el jardín con árboles de limón, plantas de chile manzano, una pequeña huerta y una pila de leña para el fuego. Aquí vamos a preparar la masa para las corundas, unos pequeños tamales envueltos en hojas de maíz, que acompañarán mañana nuestro caldo, el churipo.

—¿La dosis cómo es?

—Aquí en la comunidad de la meseta nosotros le calculamos dos cucharadas de cal por una medida de maíz, que son cinco litros o aproximadamente cuatro kilos y medio de maíz. Eso es lo que nosotros llamamos una medida. Eso es como llevaban las medidas nuestros antepasados.

Toño merodea la cubeta en la que está el maíz. No participa en la preparación, pero supervisa cada paso del proceso.

—¿Para cuántas corundas alcanza?

—Ay, pues todo dependiendo del tamaño que las queramos hacer, porque muchas veces están chiquitas, medianitas, grandotas. Nosotros aquí en la meseta no tenemos medida. ¡Es el tanteómetro!

Explota Gloria en una risa alegre.

No hay una medida exacta de cómo se debe hacer. La medida es la propia generosidad, que se adapta a la mano de cada uno: una más generosa, otra más cuidadosa.

—Depende de cómo agarras la bolita, y así la hacemos. Ahí como le vamos calculando, unas salen grandes, otras chiquitas. También se calcula según la hoja.

Es la hoja del maíz con la cual se envuelve cada corunda. La hoja manda porque unas son muy grandes, otras son más chiquitas.

—Y pues la hojita que nos alcance a cubrir toda la bolita de masa, es como lo logramos cubrir, por eso nos salen grandes, otras nos salen chiquitas.

Una vez que se acabe el proceso de nixtamalización vamos a llevar el maíz al molino y mañana prepararemos las corundas. Gloria me explica que hay muchas formas de hacerlas, que depende del paladar de cada comunidad, de cada persona.

—Aquí en la meseta hay comunidades, como en Comachuén, que no le ponen nada, ni sal. En Cherán, lejos de ponerle la cal, ellos le ponen ceniza y carbonato. Y no le ponen ni sal ni nada. Cada familia ha adoptado diferentes recetas según su gusto, según su paladar. Muchos acostumbramos a ponerle verduras, zanahoria, acelga, o pura mantequita y sal, y listo, pero eso ya va dependiendo de la familia y cómo le guste.

—¿En tu familia que le ponen?

—Le vamos a poner manteca y sal. Pero mi abuelita no le ponía nada, ni sal. Decía: "A mí me gustan los tamales sordos". Así los llamaba mi abuelita. Cuando hacíamos los tamalitos decía: "Mis tamales háganlos sordos".

—¿Y cómo eran esos?

—Que nomás los amasábamos, no les poníamos ni sal. Y los hacíamos grandototes para que se identificaran los de la abuelita. Y ella decía "sordos". Porque no le gustaba que les pusieran manteca, ni sal, ni nada. Y tienen un sabor rico también. Como te digo, depende del paladar.

Los golpes a la puerta, ritmados, anuncian la llegada de Efraín. Entra, se acerca, se presenta. Durante la lucha, Efraín Avilés Rodríguez fungió como portavoz del gobierno comunal, pero también de los presos políticos. Cada vez que se requería que se explicara en qué consistía el proceso de lucha, cómo se conformó y cómo abordar los problemas, era él quien daba la cara para dar cuenta de la situación.

—Efraín es el que dio la cara frente a los medios y frente al pueblo —me explica Gloria.

—Cuando sufrimos esta situación —agrega con ritmo pausado Efraín— estábamos convencidos de que teníamos que hacer lo que se tuviera que hacer para que los compañeros regresaran a casa.

Toño está esperando el momento para intervenir.

—Oye, no me había fijado, sí dio la cara, ¿verdad? —dice con tono serio—. Pero ¡qué feo está el güey! ¡No manches! ¿Estás dejando partes ahí?

Todos reímos por la ocurrencia de Toño. Todos menos Efraín. Él sonríe, condescendiente, como si tolerara las inevitables burlas de un niño travieso. No se descompone.

Cuando se acaba el alboroto, le pregunto cómo está la situación de la lucha ahora. Efraín se acomoda mejor en la silla, plácido, y contesta en voz baja. Y los demás callan de inmediato. Tiene un carisma natural, que deriva de su compostura quizás o de esa calma que transmite. Parecemos niños frente a un abuelo que a la vez tememos y respetamos.

—Son momentos distintos. Cada momento tuvo sus particularidades. Cuando iniciamos la lucha en 2015, todo era confusión, todo era incierto. En 2017, cuando tuvimos un resultado favorable del tribunal, cambió mucho, fue más esperanzador, fue de compromiso, de retos. Y luego sucede en 2018 nuevamente un revés. Y todo esto, junto con un gobierno represor, un gobierno pésimo para el estado, para nuestro pueblo, y esta condición de tener ahora compañeros privados de su libertad. Más que enfocarnos en el tema comunitario, buscamos siempre que pudieran regresar con sus familias. Y cuando finalmente se logró su liberación, la situación aquí en la comunidad fue diferente: compañeros que habían entrado ya al relevo en el gobierno comunitario, y también el gobierno entrante que prometía mucho creo que ha dejado mucho que desear. Pero pues igual el compromiso sigue siendo tener un pueblo mejor. No es nada más la lucha de un pueblo, es la lucha de muchos pueblos. Siempre se habla de una deuda histórica, pero en realidad poco se hace por saldarla, tiene que venir el mismo pueblo a hacer justicia por su propia mano, a hacer el trabajo que se tiene que hacer. Creo que ese es el reto y el compromiso de los compañeros.

En las calles de Nahuatzen ha bajado la oscuridad. Me voy del pueblo porque me han dicho que no es muy seguro para mí quedarme aquí, porque, aunque parezca muy tranquilo, es fuerte el conflicto interno. Prefieren que vaya a dormir a un lugar neutro. Así que me voy a Cherán.

Al día siguiente nos volvemos a reunir para comprar los ingredientes que faltan.

La mañana es soleada y fría en el mercado de Nahuatzen; el aire, efervescente. Necesitamos comprar las verduras para el caldo. La carne está remojándose en agua desde anoche. Los vendedores nos observan, no dicen nada. Algunos saludan a Toño con un gesto casi imperceptible de la cabeza. Toño, las manos enfundadas en los bolsillos de los pantalones. Pasamos a comprar un poco de carnitas para el desayuno en casa de Gloria. Toño no quiere desayunar en la calle. No se siente a gusto. Dice que nos van a mirar feo porque estamos con él. Y, si se junta en la calle con Gloria, a la gente le va a empezar a dar mala espina. Así, después de las compras y de un paseo por la iglesia del pueblo, regresamos a casa en silencio.

Las carnitas están deliciosas y ayudan a distendernos un poco. Toño, entre un bocado y un trago de cocacola, siente la necesidad de explicar su decisión.

—Una cosa es que ande yo solo. Pero, si se me pega uno de estos compañeros, van a pensar que empieza todo otra vez.

Todo.

"Todo" es la organización de la resistencia entre los comuneros de Nahuatzen para alcanzar la autonomía. "Todo" es la balacera de 2018, pocos días antes de que vinieran por él.

Es Gloria la que cuenta.

—Bueno, que nos bajamos. Llevábamos unos metros cuesta abajo. Cuando acordamos, ya nos estaban disparando. Entonces todos corrimos y no había dónde protegerse más que puros matorrales.

La historia es dramática, pero por su tono alegre parece que está relatando la escena de una película cómica.

—Cuando yo volteé, América estaba hasta atrás, no podía caminar, se paniqueó y las balas estaban duro, duro, duro... No le dio ni una.

La fuga es vertiginosa. Gloria junto con otras mujeres del pueblo, América y Lourdes, se lanzan en el matorral, pero está oscuro, no se ve bien. En la confusión del momento tanto América como Lourdes se tropiezan en unos tuzales.

—Ellas lloraban porque tenían miedo de que nos alcanzaran y nos dieran de balazos.

Corre y logra sacar a una de las dos del tuzal, luego a la otra. Es un vértigo de recuerdos el relato de Gloria, a cada rato se ríe.

—América ya no sabía ni cómo se llamaba, estaba en *shock* total. Había una milpa más o menos grandecita, y les digo: "Métanse a la milpa y arrástrense entre los surcos para que no muevan las matas y que nos perdamos".

América ya no puede caminar ni para un lado ni para otro y llora y llora. Gloria le grita en voz baja que se calme porque las van persiguiendo. Le da un par de cachetadas para que reaccione, pero ya no puede caminar. Está en *shock*. Gloria le dice que se ponga en cuatro patas y que gatee. América no puede.

—Estaba tan ida que no podía ni gatear. Imagínese cómo estábamos. Pero llegamos al otro extremo del terreno cuando ya los compañeros iban llegando.

Y sí, los compañeros van llegando, con las camionetas, un montón de carros. Y los otros dejan de perseguir a Gloria y a las demás para ir tras ellos.

—Nooo, pero fueron momentos muy pero muy fuertes... A América me la cargué prácticamente. Estaba suelta...

Toño, que escucha el relato de Gloria con su sonrisa irónica, sigue contando:

—Pero lo curioso... Ahí por el libramiento, donde te bajaste ayer —me habla a mí—, ellas en la milpa y yo con la camioneta queriéndome chingar a uno de esos güeyes... Si vieras cómo sonaban los balazos pues. Nomás Carlos Magaña se subió arriba atrás y que me empieza a pegar, y pues dije: "¡Vámonos!", pues nos estaban tirando a dar. Me doy vuelta y ahí me regreso y voy en chinga, yo ya venía para la casa para dejar la camioneta. Y me grita: "¡Pérate, pérate, que tu señora...!". Yo dije: "¿Dónde?", ¡pues yo la había dejado en la casa! ¡Nombre! Que va saliendo de la milpa... "No manchen", les dije, "¡no chinguen!". —Hace una pausa teatral. Todos quedamos suspendidos en espera del cierre—. ¡Ay, son muy malos tiradores los GOES esos!

Su público suelta una carcajada colectiva. Toño se complace del efecto cómico.

Y Gloria retoma el cuento:

—Estaban en *shock* total y no podían caminar... Gateando apenas las saqué, arrastrándose, y, ya cuando vi que estos ya llegaron, al menos ya nos iban a dejar de perseguir. No salimos un buen rato mientras aquellas reaccionaban...

Y de nuevo Toño:

—Y nos dicen quesque "Ayúdennos...". Ay, ¿qué ayúdennos? ¡Párense, cabronas! ¿Cuál ayúdame? ¿Y quién me ayuda a mí? Pero, a ver, qué pinche gusto... estuvieron chidos los balazos. Y bien cerquitas que estaban de los balazos, ¿cómo no les dieron?

Esto fue el último antecedente de la represión de las fuerzas de seguridad del gobierno del estado en contra de los comuneros poco antes del arresto de Toño. En los primeros años del concejo, entre 2015 y 2017, cuando trabajaban sin recursos, nadie cuestionaba a los comuneros de Nahuatzen, liderados, entre otros, por Toño, Gloria y Efraín. Pero, una vez que lograron que se les asignaran fondos, empezó la represión y el sabotaje por parte del gobierno estatal.

Gloria la alegre, la sonriente, la amorosa. Los adversarios en el pueblo la amenazaban de muerte por ser parte del grupo de líderes comunitarios.

Muchas veces en las calles de Nahuatzen, en los momentos más duros de la lucha, se le acercó alguien y le dijo: "Te voy a matar". Así. Te voy a matar. "Pues hazlo, estoy frente a ti. Hazlo. De una vez. ¿Para qué me vienes a amenazar en la carretera o en la calle? Órale, aquí estoy". Así les contestaba la dulce Gloria, la sonriente Gloria, la amorosa Gloria.

—Y se quedaban así... —y abre la boca de par en par. Y abre los ojos de par en par. Simula la sorpresa de sus acosadores—. A eso llegamos.

El churipo, palabra que deriva del purépecha *churípu*, que significa "caldo", es una especialidad de la cocina tradicional purépecha, un caldo a base de carne de res, chile y diferentes verduras. Es un platillo laborioso, sobre todo debido a la larga cocción de la carne, y se prepara en las fiestas y ocasiones especiales de la comunidad.

Para preparar un buen churipo se corta la carne en trozos y se deja en agua fría toda la noche. Al día siguiente se llena de agua una olla de barro gigante y se pone a hervir. Se agrega la carne: maciza de chamorro, aldilla, costilla y el hueso para darle sabor.

Debajo de la olla está quemándose el bosque.

Así los purépechas usan la madera. Recogen palos tirados, árboles viejos, y se los llevan a su casa para alimentar este hermoso fogón.

Se agrega una cabeza de ajo, dos cebollas enteras y sal. Picamos zanahorias, chayote en tiras y col en pedazos grandes, y se cuecen aparte, porque, si se meten en el caldo, va a saber a verdura. Y no queremos que sepa a verdura. Tiene que saber a carne. Un churipo con poquita carne no está bueno. Tiene que ser mucha. Por eso se tienen que cocer mínimo cinco kilos. Las verduras se agregan al momento de servir, y su caldito se consume aparte, no se mezcla con el churipo.

Se tuesta el chile guajillo y se remoja para que se muela fácilmente en el metate. Después de molerlo, lo colamos y lo echamos en el caldo junto con cilantro y tomate verde.

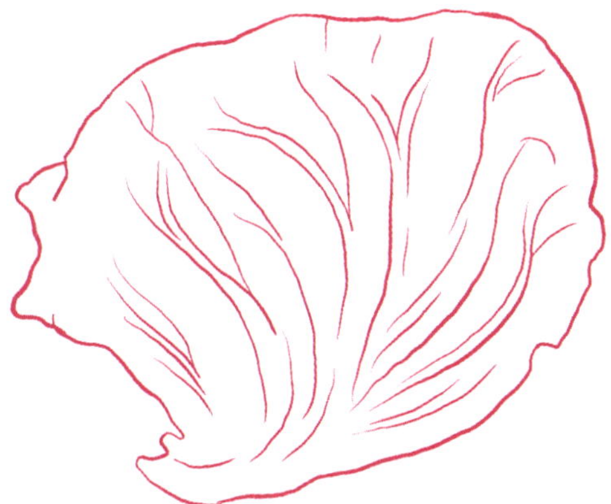

Se va agregando leña a la lumbre. Se deja ahí unas cuantas horas.

Las manos de doña Juana, la anciana madre de Gloria, no sienten el calor. Manos viejas que han tocado el fuego y lo han domado con el tiempo, no con la fuerza. Encorvada y silenciosa está. Envuelta en su reboso, sonríe con los ojos a lo que la vida le ofrece. Hoy, un churipo con un extranjero.

—En el camino descubrimos que la lucha no solo fue política, sino también por nuestro entorno, nuestros bosques, porque nuestra lucha era a favor de seguir conservando nuestro medio ambiente, nuestra lengua, nuestra cultura, nuestra gastronomía; de todo eso se nos ha ido despojando poco a poco. El capitalista nos ha impuesto ya otra cosa, porque a él le conviene. Pero nuestros ancestros nos dejaron un buen legado, y eso es de lo que nos quieren despojar, y por todos los medios quieren hacernos triza y sobre todo no respetar nuestras gobernanzas. Tenemos todo el derecho de ejercer nuestra autodeterminación y al gobierno no le conviene. El churipo es nuestra gastronomía, son nuestras raíces; nuestros ancestros han preparado estas comidas desde siempre y nosotros aún las seguimos preparando con mucho orgullo en nuestros días especiales, en días de fiesta, cuando tenemos invitados. También lo consumimos cuando hay cosecha, cuando es el fin de un ciclo de cultivo, ahí también se hace el churipo. Es para festejar y recolectar la cosecha del maíz. Son los días especiales donde se consume nuestro platillo tradicional.

—Hoy también es una cosecha, yo creo.

—Sí, es fiesta, es alegría, es dar gracias, decían mis abuelitos.

—Cuando los compañeros fueron liberados, ¿se celebró con churipo?

—¡Ah, sí!, ¿verdad? Cuando salieron los compañeros hicimos churipo.

Toño escucha con atención. Se ve que tiene algo que decir. Está esperando el momento oportuno para hacerlo. Pero no muestra su sonrisa habitual. Al contrario, su expresión es muy grave.

—Tú sabes que en la cama o en la cárcel se conoce a la gente, ¿no?

Me mira directo a los ojos. Serio. Ahora veo al líder comunitario. Por fin veo su autoridad, su fuerza, su determinación. Veo lo poderoso que puede ser, sin su disfraz de juglar. Entiendo por qué les da miedo a las autoridades.

—Y en la cocina —agrego.

—En la cocina lo que quieres es robar, extraer. Bueno, no robar, perdón. Cada condimento, cada cuestión de una alimentación ancestral. Decían los antepasados: te podrás robar la idea, pero jamás el intelecto. ¿A qué aplica eso? Que se va a llevar el italiano un escrito de muchas horas.

El italiano sabía que en cierto punto iba a salir este tipo de cuestionamiento, porque el italiano ya ha transitado por ahí.

—¿Por qué piensas que solo tú tienes antepasados, que solo tu cultura es la que conserva conocimiento y tradición?

Me mira en silencio Toño. No quisiera tener una confrontación directa, pero me está midiendo. Se espera que yo siga. Yo sigo.

—Yo vengo de un país que tiene miles de años de cultura, nuestro pueblo ha sido ultrajado, también ha sido gobernado por otra gente, y se ha salvado a través de su cultura, de su lengua, de su comida. Entiendo tu discurso, pero no entiendo por qué el interés que yo manifiesto no puede ser visto como el de alguien que siente lo mismo desde otro lugar y es visto como extractivismo. Y luego esto de la tradición ancestral... Todos tenemos tradiciones ancestrales. Somos diferentes, pero también compartimos sufrimientos, compartimos luchas, compartimos infinidad de historias y de secretos de la cocina. Sé que hay secretos de la cocina que se tienen que mantener, pero mientras se mantienen también se comparten.

Toño ya no está en plan de pelear, obtuvo lo que quería: entender de qué estoy hecho.

—Mira, yo sé que no vienes a extraernos, robarnos nada. Es simplemente darle amplia difusión a un platillo típico de nuestra comunidad, donde estás ahorita, que posiblemente ciertas gentes de tu comunidad o de tu pueblo no conocen. Se lo imaginan, a lo mejor lo han visto en las redes sociales, pero no es lo mismo consumirlo que saber prepararlo e intentar hacerlo. Aquí cada ama de casa, cada señora, cada mujer, cada hombre tiene su propia versión, se le nombra sazón, yo creo que tú sabes de eso. Hay gente que le echa un poquito más de sal, menos condimentos, pimienta, chile, lo que sea, y le da un sabor diferente al mismo platillo. Ese toque de algo es la diferencia entre nosotros mismos. Porque yo aquí te puedo decir que hay mucha gente del pueblo, si no es que toda, que sabe hacer un churipo, pero que sepa igual al que nos va a preparar la compañera, al que prepara mi señora, al que prepara la señora de este compa, al que te va a salir a ti posteriormente, es muy diferente, ¿sí me entiendes?

Te entiendo. Sí.

Ya volvió su mirada socarrona. Se disiparon las nubes.

—En fin. Espero que te lleves este platillo y con él se sienta el sabor de nuestra lucha.

Alrededor de la mesa somos muchos. Han llegado doña Pera y una de sus hijas. Toño está muy contento de compartir este platillo con todos nosotros. La sopa está muy sabrosa, no sabe a verduras, sabe a carne,

la carne es suave, jugosa. Las corundas son el acompañamiento perfecto al platillo.

Encima del caldo, una rebanada de aguacate.

El churipo tiene un sabor intenso, decididamente la carne prevalece. El picor es suave y las verduras hervidas aparte le dan un toque fresco que aligera la potencia de la res. Recuerda al mole de olla, pero con una mayor precisión de sabores. Las corundas y el aguacate templan perfectamente la intensidad del caldo.

Sin embargo, hoy el sabor del aguacate es algo diferente.

Intermezzo: Albóndigas de la *nonna* Olga

Hoy no puedo escribir. Llevo días intentándolo, tomo apuntes, transcribo entrevistas. Pero a la hora de sentarme mi cabeza vuela a otro lugar. No un solo lugar, sino todos los que no sean esta habitación, esta pequeña sala que también contiene un escritorio, mi lugar de trabajo, y una minúscula cocina. Tengo una cocina muy pequeña, en la cual me muevo con atención, aunque mi cuerpo, cada vez más voluminoso, ha tomado con los años las medidas.

Pero hoy no logro escribir. Y, cuando pasa, poco a poco voy acumulando una rabia que no es fácil domar. Salgo entonces a hacer unos mandados que yo solito me he mandado. Paso por el banco a perder el tiempo con empleados obtusos, y me dirijo caminando al supermercado con la idea de comprar lo que me falta.

Estando ahí se me ocurre preparar algo de comida. En la tarde volverá mi hijo de la escuela muerto de hambre, como siempre; mi pareja llegará de un viaje, seguramente sin haber comido decentemente. Qué excusa mejor para preparar uno de mis platillos favoritos, el alimento que me reconforta siempre: *polpette!* O sea, albóndigas. Las que hacía mi mamá, Marisa, y su madre, mi *nonna* Olga.

Albóndiga viene del árabe y significa "la bola": *al* + *búnduqa*. Pero a su vez *búnduqa* viene del griego antiguo: las avellanas se llamaban κάρυα ποντικά (*kárya pontiká*), nueces del Ponto, o sea, del mar Negro, que entonces se llamaba Ponto Euxino. Así, esas nueces pónticas se transformaron en el árabe *búnduqa* y las bolitas como las avellanas también recibieron ese nombre, al igual que las balas de los arcabuces; de hecho "fusil" en árabe se dice *bunduqiyya*.

Esta es una buena idea. De todas formas, no voy a poder escribir, así que mejor intento calmarme haciendo algo bueno que le gusta a mi familia, para no perder el día por completo.

Ingredientes para 4 personas (o 2 que comen mucho)

800 g de carne molida de res
300 g de carne molida de cerdo
200 g de queso parmigiano reggiano rallado
1 diente de ajo grande o 2 dientes normales
1 manojito de perejil
Nuez moscada

2 huevos
1 pedazo de pan viejo
½ taza de leche entera
50 g de mantequilla
Aceite de oliva

Sal
Pimienta

Mi abuela ponía dos partes de res y una parte de cerdo.

Estoy de acuerdo, aunque es como si me espantara esa proporción y al final le pongo siempre un poco menos de cerdo, quién sabe por qué. Mezclo las dos carnes molidas en un bol. Me gusta que la carne de res tenga un color rojo oscuro y que el cerdo sea rosado; me gusta revolverlas, lo que es extraño porque me disgusta ensuciarme las manos con las masas de harinas. Al final lo hago en esos casos, pero me da asco. Pero no ocurre así con la carne molida, de nuevo quién sabe por qué. Será que se va calentando con el calor de mis manos, será que antes estaba viva. No sé. En el bol se agregan los demás ingredientes. No tengo prisa, hoy el día lo doy por perdido, no pasa nada, ya lo dije. Me lo repito. No pasa nada. Con una mano amaso, con la otra agrego un poco de sal.

Mientras amaso veo un partido de futbol de la Roma y logro relajarme un poco. Pero me distraigo: es que no puedo dejarme ir un ratito, mi mente ya se ha ido quién sabe a dónde y me cuesta mucho trabajo volver a encontrarla. Me fui, imagínense, a la lucha de clases. Hasta ahí se había ido mi mente viendo el futbol y amasando. Como siempre pasa, intento volver a recuperarla dando pasitos atrás para ver cuál fue la línea de mis pensamientos. Pensaba en la carne de res y en la carne de cerdo, y pues, claro, que la carne de cerdo es más barata, aunque no menos sabrosa, y cuando no había para comprar la de res, pues albóndigas de puro cerdo. Y luego se me ocurrió que hay ingredientes caros y baratos, hay platillos pobres y platillos ricos. Esto no significa que los pobres no coman platillos ricos, o sea, caros, sino que a lo mejor en el día a día se preparan platillos pobres, con ingredientes baratos, y se preparan los otros para las ocasiones especiales, las fiestas, por ejemplo. Y de ahí ¿a dónde se fue mi mente? ¿En qué ocasiones se comen las cosas? ¿Hay reglas establecidas? ¿Establecidas por quién? ¿Llega uno y decide que en Navidad se come cierta cosa? Ah, puede ser, sí. Las reglas religiosas definen las fechas, el tipo de comida e incluso si se debe comer con las manos, con un tenedor, con palillos o con cuchara. Se sabe que las religiones siempre quieren decirnos cómo hacer las cosas, disciplinarnos, reglamentar nuestra vida, controlarla. En fin. Pero no me detuve ahí. Empecé a pensar que cada comida requiere de sus bebidas: por ejemplo, pescado con vino blanco, carne de res con vino tinto, carnitas con cocacola. Y luego:

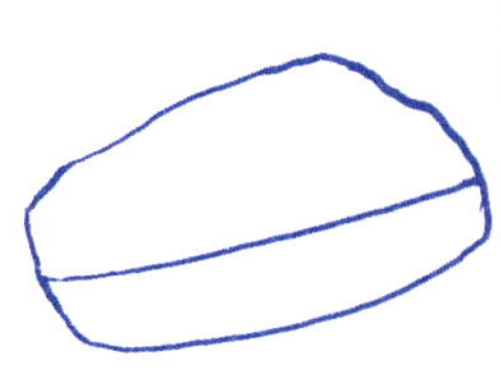

¿la comida tiene que ser abundante o escasa? Para los pobres tiene que llenar, pero, cuando uno frecuenta restaurantes o casas de ricos, la cantidad de comida en el plato se va reduciendo conforme va aumentando el precio, hasta volverse escasa y ultraelaborada. Entonces se me ocurre que sí tiene que ver mucho la clase social con la comida, con las recetas, con la preparación y, por supuesto, con la lucha de clases. Hay cocina como *performance*, como *show*, como distinción, que está hecha para que los demás, las mayorías, los que no pueden obtenerla, la vean. Y más escasa, exclusiva, absurdamente cara, mejor, justo para definir de manera evidente el restringido grupo de privilegiados que se la puede pagar. Y luego la cocina para las masas, que están fuera de la élite.

Me lavo mucho las manos. Una y otra vez, con jabón, porque la carne tiene grasa, y al final queda en los dedos esa ligera pátina reluciente, impermeable. Ya con las manos limpias le muelo encima la pimienta negra y rallo la nuez moscada, uno de mis ingredientes favoritos. Recuerdo que mi mamá decía que había que ponerle poca, que porque era venenosa. Siempre me pareció una exageración y no le hice mucho caso, hasta que un día una señora herborista me dijo: bueno, no es que sea venenosa en el sentido de letal, pero sí contiene unas neurotoxinas psicoactivas que, si se ingieren en dosis elevadas, pueden tener un efecto algo alucinógeno. O sea que mi madre tenía razón. Y yo siempre la había ignorado. Desde entonces, varias veces he tenido ganas de decirle a mi mamá, pero ya murió. Así que cada vez que uso la nuez moscada le mando un pensamiento a mi madre, como diciendo ya sé, ya sé, pero no voy a poner demasiada. Resulta que, además de las alucinaciones, puede dar vértigo, vómito, cefalea, taquicardia, coma, muerte. Igual muerte no, nunca he escuchado de alguien que haya muerto de nuez moscada. Si sigo así, podría ser yo el que acabe en el periódico: "Concluye en tragedia la cena de un periodista italiano que falleció por exceso de nuez moscada".

Entonces, después de agregar las especias, se le ponen los huevos, para que amarre. Siempre pongo primero uno y amaso. No sé, tengo la idea de qué será suficiente, pero nunca lo es. Cuando integro el huevo uso un tenedor, porque me da un poco de asco la textura de la clara.

Ya puse a calentar una cazuelita de leche con el pan en pedazos, a fuego lento, para que vaya hirviendo despacio y el pan se ablande sin que se queme el fondo.

Inevitablemente se va abriendo una grieta dolorosa en la historia familiar de este platillo. Sí, porque es aquí donde dos escuelas discrepantes, inconciliables, sugieren dos soluciones muy distintas que llevan a cambiar radicalmente el resultado final del platillo. Y me ponen a mí en una posición en la que no quisiera encontrarme, la verdad. La posición del que tiene que decidir de qué lado estar, el de mi madre o el de mi abuela. No las perdono por haberme dejado esta herencia que implica un conflicto inevitable.

La cuestión es la siguiente. Mi madre picaba los dientes de ajo muy muy finamente, hasta formar casi una pasta, y los agregaba así a la masa de carne. El ajo, se sabe, cuanto más se pique, más suelta sus aceites dando sabor a los alimentos. Pero esta opción puede causar una preponderancia del sabor del ajo y mayor dificultad para digerirlo.

Para obviar a ambos problemas, mi abuela operaba de una forma distinta. A la hora de hervir la leche con el pan, ahí mismo, en la cazuelita, echaba los dientes de ajo enteros, obteniendo un pan blandito, remojado en leche aromatizada con el ajo. Y con la muerte en el corazón repito los gestos de mi abuela, implícitamente traicionando cada vez a mi madre. Hace años tomé esta decisión, que en cada repetición profundiza el abismo.

Acabo de revelar uno de los secretos de mis albóndigas.

Se deja enfriar el pan, se agrega a la masa y se mezcla bien. La Roma va ganando, poco a poco mejora mi humor. Ahora se puede incorporar una buena cantidad de queso rallado. Parmigiano de verdad, no esa asquerosa imitación gringa, el parmesano, que sabe Dios qué clase de porquería es. Abundante parmigiano rallado. Se pica el perejil finamente, se agrega también y se sigue mezclando con paciencia. Me parece que no falta nada. La masa está lista. Con el tenedor se toma cierta cantidad de carne, se hace una bolita con amor y firmeza, se pasa en harina y se coloca en un plato. Así, repetido las veces que sea necesario.

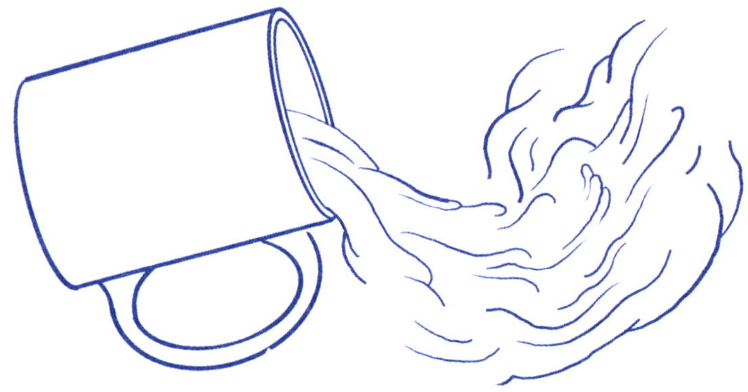

Ahora es el momento de cocinar las albóndigas. En una sartén se pone un buen pedazo de mantequilla y aceite extra virgen de oliva.

La segunda diferencia abismal entre mi madre y mi abuela eran las cantidades. Sí, porque mi mamá, mujer generosa, que nunca escatimaba las porciones, tenía una relación extraña con las albóndigas. Siempre hacía un número adecuado para todos, pero justo. Mi abuela, no. La *nonna* Olga hacía montañas de albóndigas. Eran tan abundantes que podías servirte dos, tres, cuatro, cinco veces.

Nunca entendí la razón por la cual mi madre no quería excederse. Quizás porque era algo que me gustaba demasiado y no hay que exagerar con lo que nos gusta. Le doy una lectura pedagógica a un hecho que no me sé explicar. Pero también se me ocurre algo más.

Muchos años después, frente a una página en blanco, sin posibilidad de comprobar lo que estoy sugiriendo, dado que ambas mujeres ya han fallecido, se podría avanzar la hipótesis de que a mi madre no le gustaba preparar las albóndigas. Y que su madre, mi *nonna* Olga, la obligaba a hacerlas, y que por eso, cuando las preparaba para nosotros, la pobre Marisa producía solo el mínimo indispensable para satisfacer las necesidades del estómago, pero no suficiente para satisfacer la gula.

Puede ser. O puede ser que hay verdades misteriosas imposibles de conocer. Como nuestra naturaleza humana, el sentido que tiene nuestra vida, las energías que mueven el universo.

No fue para descubrir todo esto que fui a preparar costillas de cerdo a Morelos, sino para asomarme al misterio, para ver qué se siente.

II. Costilla de cerdo en salsa de tortilla

Amatlán de Quetzalcóatl, Morelos

Koatékitl ollinyólotl

Ingredientes para 5 personas

1 kg de costilla de cerdo

800 g jitomate

5 chiles de árbol

1 cebolla mediana

1 diente de ajo

1 tortilla

Sal

Manteca de cerdo

Para el arroz:

1 taza de arroz

4 jitomates

¼ de cebolla

1 diente de ajo

½ cubito sazonador

Agua

Entrar en el temazcal es volver al vientre materno, he escuchado. Quién sabe. Nunca he vuelto al vientre materno, no sabría decir.

Lo que sí puedo decir es que siento calor. Y aumenta. Hay un canto, en un idioma que reconozco, pero que no conozco. No sé qué dice, habla de la tierra, del cielo, de la madre y del padre. Habla del viento y del fuego y del agua. Habla de valor, de paz, de fuerza y debilidad. Acompaña mi mente lejos de mi cuerpo, que se queda ahí, en el suelo. Lo puedo ver, acostado, supino, sudando, respira, respira hondo, sereno, y la mente se disuelve en el canto y al ritmo del tambor. La oscuridad es densa, se puede tocar, las manos se hunden en la masa negra de la ausencia de luz. Oscuridad hecha de materia ausente espesa. Se espesa de vapor que sale de esas piedras allí al fondo, aquí cerca, ahí tan lejos que es difícil pensarlas en el mismo universo. En el ombligo de la madre, las abuelas arden, reciben el agua, reciben las hierbas, devuelven vapor denso y oscuro de vida.

El lugar en el que se ponen las piedras es el ombligo del temazcal. En el temazcal macho el ombligo está en el centro y las piedras se calientan fuera, frente a la entrada. Se hace una fogata enfrente y ahí se calientan y se van metiendo por la entrada cada que sean necesarias. Son necesarias cada vez que se abre una de las puertas del temazcal. Las puertas pueden ser cuatro o pueden ser siete. Cada puerta que se abre, se mete un grupo de piedras calientes.

El temazcal nahua es hembra. Como el que me contiene. Tiene el ombligo adentro, del lado opuesto a la puerta de entrada, normalmente en el poniente. En el temazcal hembra las piedras se calientan dentro. Se abre un hoyo en la pared de atrás, se le mete la leña ardiente y se saca cuando las piedras están bien calientes. Se tapa nuevamente el hoyo con adobe, se ponen cobijas en la entrada para que no entre ni un respiro de aire, ni un hilo de luz. Y se empieza la ceremonia.

—Vamos a iniciar la ceremonia del temazcalli.

El ritual inicia afuera de la puerta del temazcal. Emanuel ya calentó las piedras durante

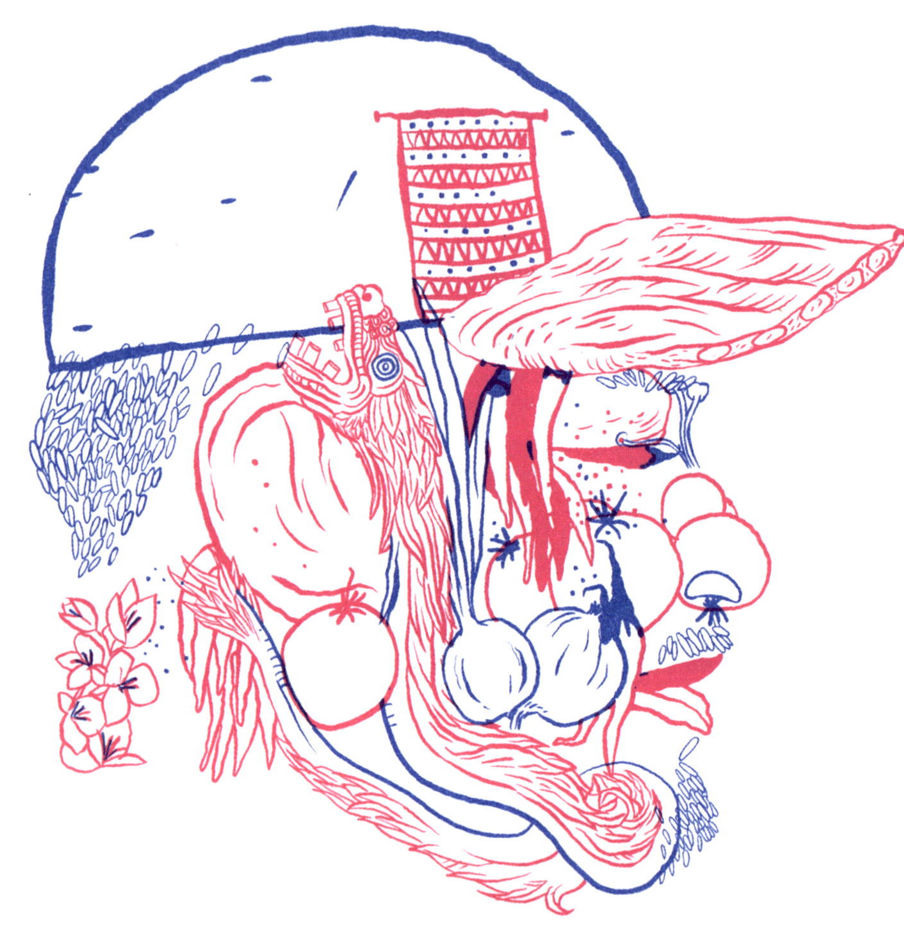

horas. Cumplió la función de hombre de fuego/hombre águila, de la que normalmente se encarga otra persona. Ahora está parado frente a mí, imponente. Saluda a los elementos del universo.

Yo estoy en calzones, de pie, frente a Emanuel. Él me mira con una sonrisa plácida. Es un hombre formidable. Se necesita un cuerpo adecuado para ser temazcalero, un cuerpo que aguante el calor, un cuerpo con un corazón fuerte, que no se deje agüitar.

—Vamos a pedir los permisos con un canto —dice Emanuel, y su voz tranquiliza, como un cuenco tibetano—. Vamos a ir ofrendando el humo del copal —mueve el sahumerio que contiene copal humeante—, el toque del tambor —da un ligero golpe al tambor— y el canto. Lo vamos a ofrendar hacia los rumbos. Vamos a empezar por el este, y luego sur, oeste, norte, y después todos giramos hacia el centro. ¿De acuerdo?

Asiento.

—Por cada uno de los rumbos vamos ofrendando el humo del copal, con el sahumerio.

Giramos hacia el oriente. Emanuel le da golpes al tambor y empieza una cantilena ritmada.

—Citlali tlanexnahuan ex ma xitlalicue… citlali tlanexnahuan ex ma xitlalicue… Tlahuiztlampa, primer viento que debemos conquistar, Tlahuiztlampa, primer viento que debemos conquistar, teochtli Quetzalcóatl en la tradición está, teochtli Quetzalcóatl en la tradición está, en la tradición está…

Todos repetimos sus palabras. Luego giramos hacia el sur.

—Huitztlampa, segundo viento que debemos conquistar, Huitztlampa, segundo viento que debemos conquistar, teochtli Huitzilopochtli en la tradición está, teochtli Huitzilopochtli en la tradición está, en la tradición está…

Giramos hacia el poniente.

—Cihuatlampa, tercer viento que debemos conquistar, Cihuatlampa, tercer viento que debemos conquistar, teochtli Xipetótec en la tradición está, teochtli Xipetótec en la tradición está, en la tradición está…

Giramos hacia el norte.

—Mictlampa, cuarto viento que debemos conquistar, Mictlampa, cuarto viento que debemos conquistar, teochtli Tezcatlipoca en la tradición está, teochtli Tezcatlipoca en la tradición está, en la tradición está…

Cinco, centro.

—El centro, quinto viento que debemos conquistar, el centro, quinto viento que debemos conquistar, teochtli Ilhuicayolotl en la tradición está, teochtli Ilhuicayolotl en la tradición está, en la tradición está…

Silencio. Se levanta el sahumerio. Se agradece al padre y madre del universo, al dios dual, dos deidades, que es a la vez Ometecuhtli y Omecíhuatl, el señor y la señora de la complementariedad.

—Ometéotl.

Todos repetimos.

—Ometéotl.

—Vamos ahora a purificarnos con una limpia.

Nos limpia con hojas y humo y sonido. Ahora tenemos el permiso de entrar en el temazcal, en el vientre de la madre. Atravesamos la puerta caminando de espaldas. Al cruzar el umbral repetimos: "Ometéotl". Luego, se recorre todo el temazcal empezando del lado izquierdo, pasando por el fondo, hasta llegar al lado derecho.

Luego, oscuridad.

La bajada fue lo más arduo. Una hora y media de bosque denso de pinos, de amates, con una pendiente casi vertical que te destroza las rodillas, que te destroza los muslos. Y tienes casi que correr cuesta abajo, abajo, abajo, ¡noooooooo! ¡Así me caigo de hocico!

Pero si vas despacio es peor. Hay que seguir corriendo.

Al final, después de 32 kilómetros, dimos con las calles empedradas del pueblo de Santo Domingo. Vivos. Fui con un grupo de amigos a caminar por el monte, un paseo de 10 horas, de las siete de la mañana a las cinco de la tarde: salida de Milpa Alta, al sur de la Ciudad de México, ya en las alturas, y llegada a Santo Domingo, a un lado de Tepoztlán. Pero también a un lado de Amatlán de Quetzalcóatl.

Llegué cansado pero contento ese día. Me sentía un héroe. Después de una caminata tan larga, con ese final en el bosque empinado, rodeado de adolescentes que bajan como una manada de jabalíes, mi orgullo estaba muy arriba.

Son las montañas que rodean Amatlán, que significa "lugar de los amates", que conocí durante el primer año de la pandemia de covid-19, una época de mi vida que parece haberse cristalizado en una gota de ámbar como una pequeña mariposa.

Al día siguiente de la caminata volví a Amatlán de Quetzalcóatl a dar un paseo, a buscar un temazcal.

Para atravesar por la única entrada de Amatlán hay que pasar debajo de un cartel verde colgado encima de la carretera. Cuando llegas te recibe así: "Caminante, reflexiona un instante. Pisas ahora la tierra natal de Ceácatl Topiltzin Quetzalcóatl, del señorío tolteca, años 843 a 895. Aquí tomó sus primeros pasos con sus sandalias de oro".

Pasas por el pequeño pueblo donde rara vez he visto transitar a más de 10 personas simultáneamente. Pasas frente al monumento de Quetzalcóatl, una serpiente emplumada de piedra, geométrica, a base de cubos. Pasas por una bajada que es también un puentecito, y a tu derecha está el cementerio, y atrás, las montañas.

Estoy parado frente a una puerta de metal. Me detengo en esta callecita de Amatlán. Hay un mural muy grande. Lo he visto ya varias veces en estos años. A pocos metros hay una tiendita de abarrotes y, a un costado, una puerta de metal interrumpe el muro de adobe color café claro, color arena, color de las montañas rojizas de Amatlán. En un cartel se lee "TEMAZCAL" con un número de teléfono.

Hace un par de meses acabé aquí y sentí el impulso de tocar. Y conocí a Emanuel.

Pasar por esa puerta es entrar a un pequeño mundo inesperado.

Hay dos tipos de temazcal. En la parte norte del continente americano, desde Canadá, pasando por Estados Unidos, hasta el norte de México, es más común el temazcal macho. Al inicio (no sabemos exactamente hace cuánto tiempo fue ese inicio) eran temazcales móviles, se construían con varas y se cubrían con pieles. Hoy se les ponen cobijas o lonas. Esos temazcales machos son llamados *inipi* o *lakota* por el pueblo sioux, que antiguamente, por su vida nómada, necesitaba una estructura móvil, ágil, que se pudiera llevar cómodamente en sus traslados.

Ya hacia el corazón de México, en el territorio mexica, los inipis se convirtieron en estructuras fijas con la forma de minúsculas casitas, pero con materiales como el adobe, la piedra, el tabique, y formaban una pequeña bóveda. Aquí los nahuas lo llamaron temazcal y, por lo general, los temazcales del centro y sur de México son temazcales hembra.

La diferencia de calor entre los dos temazcales es que en uno macho el calor dura apenas de una a dos horas.

—El temperamento de la mujer es muy fuerte y se prolonga por mucho tiempo —explica Emanuel—. El hombre se enoja, pero dura poco. Tú te enojas y en una hora ya puedes estar bien. Dos horas, máximo. En el caso del temazcal hembra, el calor dura cinco, seis, siete horas. Si lo calientas bastante, el calor dura hasta ocho horas.

Cuando el temazcal hembra se calienta, también se calienta la estructura. Esas piedras se calientan adentro y permanecen ahí guardando el calor. En un temazcal macho, las piedras se calientan afuera;

una vez que estén incandescentes, se llevan al interior, que está frío. El calor, al ser absorbido por la estructura, baja rápidamente. Por consecuencia, hay que volver a meter más piedras. Cuando se acaban las piedras, el calor dura un máximo de dos horas, tres horas, pero no más.

Amatlán es un pueblito de unos 5 mil habitantes, parte del municipio de Tepoztlán, más grande, más conocido y más transitado por los turistas. Es una comunidad dividida la de Tepoztlán: en ella conviven los chilangos que han adquirido terrenos y mansiones y que a partir de la pandemia de covid-19 optaron por quedarse a vivir allí. Entre ellos —conocidos como *tepostizos*— abundan actores, directores de cine, artistas de todo tipo, arquitectos o profesores de la UNAM. Por supuesto, las calles del pueblo mágico, místico, *cool* de Tepoztlán, al paso de los años, se han llenado de extranjeros, principalmente europeos y estadounidenses, que anhelan vivir la magia del México rural, místico, de la energía, del folklor, sin alejarse demasiado de la Ciudad de México, que dista poco más de una hora. Así, el pueblo se ha transformado en una pasarela de hippies, intelectuales orgánicos adinerados y millonarios progres. Esta nueva población choca con la otra parte de Tepoztlán, conformada por los tepoztecos, en su mayoría nahuas, que, por un lado, han prosperado con la venta de terrenos a los tepostizos y se han enriquecido gracias a la abundancia de los progres millonarios, capaces de enfrentar el aumento del precio de bienes y servicios; por otro, sin embargo, el costo que han tenido que pagar es la invasión de gente extraña en su territorio, que se suma a los numerosos turistas de fin de semana.

En este contexto, la dimensión mística y espiritual nahua se ha fundido con el *new age*, la meditación asiática, las prácticas tántricas, hasta conformar un polo de turismo espiritual que mezcla el yoga con las tradiciones prehispánicas, o la mística judía de los millonarios israelíes con el chamanismo sudamericano revisitado por gringos iluminados.

En este mar de espiritualidad *prêt-à-porter* está, cómo no, el temazcal.

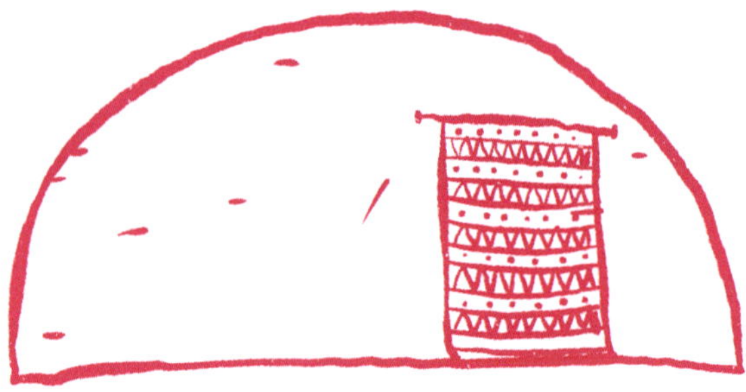

Aun siendo pueblos vecinos, ambos prevalentemente nahuas y parte del mismo municipio, los habitantes de Amatlán no son iguales a los tepoztecos y, como todos los vecinos, tienen rivalidades. Por el sostenido aumento de visitantes y residentes, y la escasez de agua, problema constante y cada vez más serio, hace algunos años, los habitantes de Tepoztlán tuvieron la intención de ir a sacar agua de Amatlán. Tuvieron la intención, sí, pero Amatlán se organizó en asambleas y evitaron la explotación de sus manantiales. El agua llega de los manantiales exclusivamente a la comunidad de Amatlán, se almacena en un depósito, y de ahí va directamente a la fuente, sin escalas. Esto ha generado conflicto con Tepoztlán.

—Ha habido situaciones… —dice de forma vaga Emanuel, sonriendo, travieso, como quien tiene información de algo que los demás no saben.

La más reciente y notable fue hace unos tres años, el 21 de febrero de 2022, cuando una regidora de Tepoztlán y otros dos funcionarios municipales de las oficinas de Licencias y Reglamentos estuvieron a punto de ser linchados luego de que atropellaron y causaron la muerte de un hombre en Amatlán. Habían ido a Amatlán a cerrar una tienda de cervezas sin permisos y cuando se fueron atropellaron al hombre que estaba tirado a un lado de la calle, cerca de la explanada. Cuando los vecinos entendieron qué había pasado, empezaron a tocar las campanas de la iglesia para concentrar a todos los pobladores, quienes terminaron golpeando a los funcionarios de Tepoztlán. Fue solo gracias a la intervención de la Guardia Nacional y de la policía estatal que lograron salvarse.

Tepoztlán ha cedido parte de su autenticidad y misticismo a cambio de un mayor desarrollo turístico. En sus calles empedradas abundan temazcales para turistas, y en uno de ellos Emanuel trabajó un tiempo, suficiente para conocer a Norma y pelearse con la dueña. Hoy trabaja por su cuenta.

—¿Cuál es la diferencia entre lo que haces tú acá y lo que te venden en cualquier otro lugar para gringos?

Sonríe, piensa, luego contesta:

—La intención. Cuando haces un temazcal, desde el momento que lo prendes, estás invocando energías de la tierra, porque eso es lo que representa el temazcal, el vientre de la madre tierra.

Veo a un hombre macizo, que habla en voz baja en la sombra de la sala de su minúscula casa, que es también cocina y habitación. Norma y yo estuvimos de acuerdo en no usar la estufa al lado de su cama, en la que estamos sentados, para preparar nuestro platillo. Mejor cocinar afuera, en la lumbre, donde se quema la leña para el temazcal, en el pequeño patio sombreado.

—Antes de entrar al temazcal se abre el cosmos, bajas energía del cielo, de la tierra, limpias a cada persona que entra, armonizas su energía, la mueves, la mueves. —Mueve sus manotas en el aire, con una sonrisa contenta—. Es lo que hace el sahumerio: mover la energía de cada persona.

Recuerdo ahora esos movimientos delicados, decididos, frente a la puerta del temazcal.

—Los que conocemos la raíz de la energía, la movemos con nahui ollin y nahui ehécatl. Estos dos movimientos nos ayudan a limpiar y sanar la energía de cada persona.

Nahui ollin, me explica Emanuel, se traduce como "energía en movimiento", y *nahui ehécatl* es la energía que representa a los guardianes. Energía guardiana y energía elemental.

—En la limpia manejamos las energías elementales: fuego, tierra, agua y aire.

Las deidades guardianas son Tezcatlipoca, Xipetótec, Huitzilopochtli y Quetzalcóatl.

—Pero hay más de 400 hijos de Ometéotl. Los elementales son las energías guardianas que hay en cada lugar. En tu casa hay elementales, energías que conviven contigo. Si tú eres una persona que se enoja todo el tiempo —parece que ya sabe todo de mí—, las energías que te rodean, esos pequeños seres, reflejan eso que tú tienes. Si alguien te visita, aunque tú no estés, recibe lo que tú has dejado en los elementales. Son como guardianes que están en el lugar en donde vives.

Emanuel sostiene que hay personas que pueden ver o percibir esos pequeños seres.

Yo pienso en mis gatos.

Le pregunto si los elementales pueden cambiar o si esos seres minúsculos y metiches, una vez evocados, se quedan así.

—Los puedes cambiar. Tú cambias. Pero tienes que comprender que no puedes cambiar más allá de tu propio ser. No hay manera de cambiar más allá de tu propia naturaleza.

No sé si la respuesta me deja más tranquilo o más preocupado. Norma sonríe, divertida. Ella no es nahua, dice que también está aprendiendo la visión del mundo de su marido, poco a poco. Me parece, sin embargo, que se divierte al verme tan desubicado.

El vientre materno. Es una oscuridad que no asusta. El calor va aumentando y yo quisiera quedarme aquí, suspendido entre la tierra y el cosmos, flotando. Siento mi cuerpo, entiendo todas sus necesidades, pero a la vez me parece que mi mente se va despegando de él. No logro mantener un hilo de pensamiento coherente. Pierdo la concentración, las ideas se separan de la lógica. Lo que me mantiene tranquilo es la voz de Emanuel, que se funde con la oscuridad del vientre materno.

Dejamos la cocina/habitación/sala y salimos a cocinar. Esas costillas no se van a cocinar solas.

Mientras Emanuel prende el fuego en la espalda del temazcal que él mismo construyó en el pequeño patio de su casa, Norma prepara los ingredientes del guisado. Le pregunto cuál es el origen de la receta.

—La saqué de YouTube —me dice.

¿Cómo que de YouTube, Norma? Vengo hasta el corazón de Amatlán, donde tomó sus primeros pasos con sus sandalias de oro el mero Ceácatl Topiltzin Quetzalcóatl, del señorío tolteca, Norma. Yo acá en la casa de un soberbio representante del noble linaje del pueblo nahua, guardián de la milenaria tradición del temazcal. Y tú cocinando un platillo que aprendiste en YouTube.

Norma, con su minúsculo tatuaje del planeta Saturno a la entrada del oído izquierdo, me mira un instante, suelta una carcajada y continúa lavando los jitomates en el pequeño lavabo.

—Trabajaba yo en una casa de gente de dinero en Tepoztlán. La señora un día llega y me dice: "¿Sabes qué? Necesito que me hagas comida". Era gente que nunca estaba en casa, que llegaba en la noche y no quería preparar de cenar.

La señora le pidió un arroz, pero Norma no sabía hacer arroz. La señora le dijo: "Haz algo sencillo, lo que sea, ahí te fijas lo que hay en el refri". Norma paniqueó. No tenía idea de cómo salir de apuros. Pero sabía que necesitaba aquel trabajo que apenas iniciaba.

—Y dije: "Ay, ¿qué hago?". Yo no sabía cocinar. Entonces se me ocurre ver un tutorial rápido en YouTube. Con el tutorial preparé el arroz —lo recuerda con orgullo.

Hay gente que no aprende a cocer el arroz ni después de años de práctica.

—Por cierto, me salió muy bueno ese arroz. Y ya, fui aprendiendo.

Siguió aprendiendo recetas en YouTube. Hasta que dio con el cerdo en salsa de tortilla y le gustó.

—Pero ahí lo preparaban con chile morita. A mí no me agradó con el chile morita y cambié la receta. Ahora le pongo chile de árbol.

—¿Por qué? ¿Qué tiene el chile morita?

—El sabor es diferente, porque, de que pica, no pica. Y este es chile de árbol, sí pica, y me gusta más el sabor.

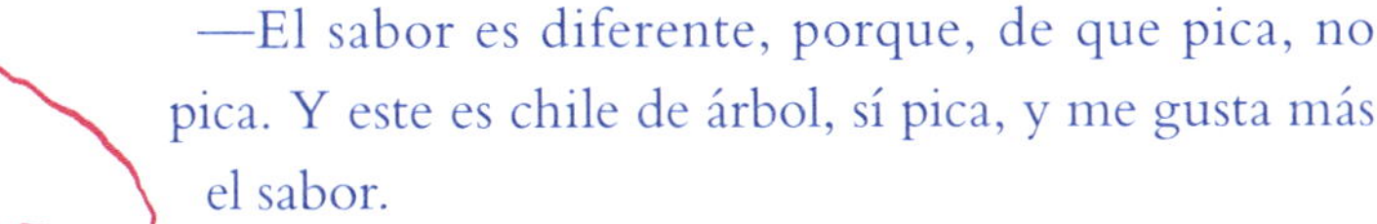

El temazcal es un camino, una sanación, un trabajo con nuestro cuerpo y nuestro espíritu. El lakota está más enfocado en lo espiritual, en la mente. El temazcal de Mesoamérica no desatiende lo espiritual, pero privilegia la curación con hierbas. Por ello Emanuel es experto en herbolaria.

Históricamente había diferentes tipos de ceremonias del temazcal, no en todas participaba el pueblo en general. Era necesario tener cierto linaje para tomar ciertos temazcales. La mayoría de las familias tenía un temazcal en el patio de su casa, como la familia del mismo Emanuel. Cada mes o cada 15 días se metía al temazcal toda la familia.

Darse un baño es el acto de entrar al temazcal, sudar, usar las hierbas medicinales, ya sea en té o para "hojearse", que es como un azote en la piel. No hay ceremonia más que entrar y sudar.

—Mi abuelo tenía un temazcal aquí atrás. —Emanuel indica un punto vago detrás de su casita, en dirección al oriente—. Era muy pequeño, cabían tres o cuatro personas. Ahí es donde nos bañábamos todos.

Hay ceremonias de cuatro y de siete puertas, y duran de una a ocho horas. El temazcal guerrero lo tomaban únicamente los guerreros o los tlatoanis, las personas de poder. No estaba permitido a la población en general, requería tener un linaje ilustre, se trataba de ceremonias con una espiritualidad muy elevada.

Había otro temazcal llamado "hablando con los espíritus", para tlatoanis y curanderos. Se estimulaba lo que ahora conocemos como glándula pineal, y las ceremonias tenían la función de ampliar las percepciones, el entendimiento, y tomar mejores decisiones para la comunidad. Se usaban hongos que contienen psilocibina, plantas como la ruda siria, la marihuana o, más al norte, el peyote.

—Son plantas que no se usaban con el afán de drogarse —precisa Emanuel, preocupado por que se interprete el temazcal como una orgía psicodélica—. Algunas abren el corazón para sacar todo lo que te está haciendo daño. Otras son para tener una amplitud de pensamiento más elevada. No alucinas. Únicamente te estimula, tienes ideas más claras.

Se tenía la creencia de que para quitar la vida a otro ser era necesario estar limpio, para que el espíritu de ese animal trascendiera bien.

—Si estabas muy sucio de tu alma, el animal iba a tener problemas para trascender. Entonces se tomaba el temazcal guerrero, se tomaban bebidas de hierbas, para que, así como te limpias externamente por el calor del temazcal, la sudoración, también internamente te purgaras, saliera todo lo que tuvieras internamente. No era una purga únicamente del estómago: te desintoxicaba completamente, hacía que tu cuerpo se renovara. Era una ceremonia fuerte.

El temazcal guerrero sirve para prepararnos a vencer al peor enemigo. Y el peor enemigo es uno mismo. Entrar al temazcal guerrero rompe nuestros límites.

Son cuatro las puertas a través de las cuales decidí pasar. Por cada puerta va aumentando el calor. Una puerta es de la tierra, otra del agua, otra del viento y otra del fuego. Se nombran en la oscuridad espesa los deseos que le pedimos a Ometéotl. Se reza en silencio, buscando acceso a las fisuras que nos permitan conectarnos al infinito. Hace falta trascendencia, atrapados en la inmanencia. El vapor de las piedras abuelas, bañadas de infusiones de plantas aromáticas, satura el aire, lo impregna de esencias benéficas que quitan el aliento. Pienso que estoy sofocando y estoy sanando. Pienso que estoy quemando y me estoy limpiando. El calor sube, no para. Parte del trabajo es convencer a la mente de que no vas a morir: control, resistencia, paciencia.

Se pone a hervir la carne de cerdo en una olla con media cebolla y un puñado de sal.

Se dora una tortilla en el comal. En el comal también se asan los chiles.

—Bien asaditos, pero que no se te quemen.

No se me queman. Una vez dorados tortilla y chiles, se meten a la licuadora junto con los jitomates crudos, un diente de ajo y la otra media cebolla.

En una olla se vierte un poco de manteca y en ella se doran las costillas un par de minutos. Luego se agrega la salsa y se deja a cocer unos 20 minutos.

Las operaciones son sencillas, cotidianas. El espacio reducido del pequeño patio no me molesta, estoy acostumbrado a una cocina tan minúscula que no caben dos personas.

Emanuel ya no habla mucho, está concentrado en mantener prendido el fuego, asegurándose de que tenga madera, que esté oxigenado. El rol de águila de fuego, que representa la energía masculina, hoy lo ejerce para calentar la comida.

No se trata solo de prender el fuego, sino de darle intención, con su rezo, para que ese calor pueda preparar las piedras sagradas, las abuelas, para la ceremonia. Otra de sus tareas es la de pasar las piedras del fuego al temazcal, el vientre materno. Esta acción recuerda el acto de la fecundación, la unión sagrada de lo masculino y lo femenino.

La larga tradición se mantiene a través de un conocimiento que se transmite a través de las generaciones, pero no todos nacieron para ser temazcaleros. Los hermanos de Emanuel no siguieron la tradición de su padre y su abuelo.

—¿Por qué tú sí?

—Yo soy feliz en el temazcal. Me llena completamente. Ha habido lapsos de tiempo, dos o tres semanas, en que no hay temazcal, y le digo a Norma: "Vamos a calentarlo. Yo ya lo necesito, mi cuerpo lo necesita, necesito estar ahí". Mis hermanos pueden estar mucho tiempo sin entrar al temazcal y se sienten bien.

De su familia, además de él, solo uno de sus primos ha heredado el temazcal.

—Te tiene que gustar para que lo heredes. Y luego tienes que tener la condición física. Mi primo es muy similar a mí —ríe, haciendo referencia a su cuerpo grande, macizo—. Recibimos el mismo conocimiento, pero no damos la ceremonia igual. Trabajamos la misma intención, pero de manera diferente, siguiendo la misma secuencia.

—Es como si fuera una interpretación de cada uno.

—A lo que tú llamas interpretación le decimos esencia.

—¡Es como la sazón de los platillos! La misma receta con una sazón propia.

—Exactamente. ¡En lugar de chile morita, chile de árbol!

Tal vez no hay necesidad de salir de aquí, de esta oscuridad vaporosa, que arde y acoge. El calor que protege. ¿Es necesario salir? Lo mismo pensé antes de nacer. Ahora lo sé. Pero hay que salir a la vida. Llevar al mundo lo que entendimos del universo en esta oscuridad que enseña. Aunque desaparezcan afuera todas las ideas que teníamos tan claras adentro. Como al salir del sueño, no llevamos conceptos definidos, sino filamentos oníricos que se vuelven sensaciones conscientes.

Hay que salir a la luz. Una vez más.

Hay que dejar este vientre materno. Una vez más.

Con paciencia espero, tendido en la tierra, al final del temazcal. Espero estar listo.

Para salir a la luz. Para volver a la luz.

Se abre la puerta de cobijas pesadas.

Al salir digo: "Ometéotl". Me inunda la luz. Tambaleo. Las grandes manos de Emanuel me sostienen. Los pensamientos tan claros que poblaron mi ser se van disolviendo en una baba de recuerdos mezclados. Pero se quedan pegados a mi piel. Ya no puedo decir, pero sé.

Ometéotl.

—¿Por qué tu papá ya no quiere entrar al temazcal?

—Porque él ya no. No es que se sienta mal, pero llegó un punto en el cual dijo: "Yo ya, ya no voy a hacer ceremonias".

El papá de Emanuel ahora solo participa como águila de fuego. Selecciona y recolecta la leña que representará a los guardianes de los cuatro rumbos que tienen que sostener el fuego durante la ceremonia. El águila de fuego se encarga también de levantar el rezo con su canto, meter las piedras al vientre de la madre y cerrar el fuego al final de la ceremonia.

—¿Y esto pasa frecuentemente?

—Sí. Sucede. Porque, a pesar de que te guste hacerlo, con el tiempo el cuerpo se va agotando. El cuerpo se agota y llega un punto en el cual dices: "Estoy bien, ya cumplí". Y entonces cambia tu labor.

Es muy potente el efecto del temazcal. Lo puedo entender. Acabas agotado.

—Sales del temazcal, te sientes bien. Ya no piensas en el problema que tenías antes de entrar. Tú llegas al temazcal con problemas que te inquietan, inicia la ceremonia, tal vez sigues pensando, entras al temazcal, empiezas a sudar, enfrentarte al calor, sigues pensando, viene el agua, vienen los cantos... Tu mente cambia, cambia el pensamiento. Empieza a vibrar tu cuerpo con los cantos. Empieza a recibir la sanación de las hierbas. Esa paz emocional con la que sales del temazcal es lo que sana. Había un filósofo griego, no recuerdo su nombre, que dijo: "Dame una fiebre y te curaré cualquier enfermedad".

Comemos sentados en una mesita en el patio, entre la entrada de la casa y la estructura de adobe del temazcal. La carne es suave, se deshace con facilidad. Las costillas de cerdo siempre me han encantado. Una carne sabrosa, fácil de preparar, que combina partes grasas y magras. La salsa, en su simpleza, une la potencia del chile y la frescura del jitomate. Y esa única tortilla tostada agrega un elemento de espesor sorprendente. Comemos en silencio, disfrutando cada bocado.

La resistencia de Emanuel y Norma no está en el idioma, porque ya no hablan náhuatl; no está en la receta, porque es sacada de YouTube. La resistencia está en el calor y en la oscuridad del temazcal. La visión del cosmos desde el vientre de la tierra, desde la oscuridad que en lugar de dar miedo da calor, da paz, da fuerza, da entendimiento. La resistencia está en el intento de vivir una vida en armonía con el resto del mundo, sin fanatismo, sin narcisismo. La resistencia está en la herbolaria como método curativo.

Emanuel cuando habla de su vida en esa pequeña bóveda oscura dice:

—Después de unos días que no entro al temazcal me siento mal. No puedo estar sin ello.

El temazcal como el lugar al que siempre volver.

Al salir de Amatlán, paso otra vez debajo del cartel. Para despedirte dice: "Koatékitl ollinyólotl". Podría traducirse así: "Serpiente que trabaja moviendo el corazón".

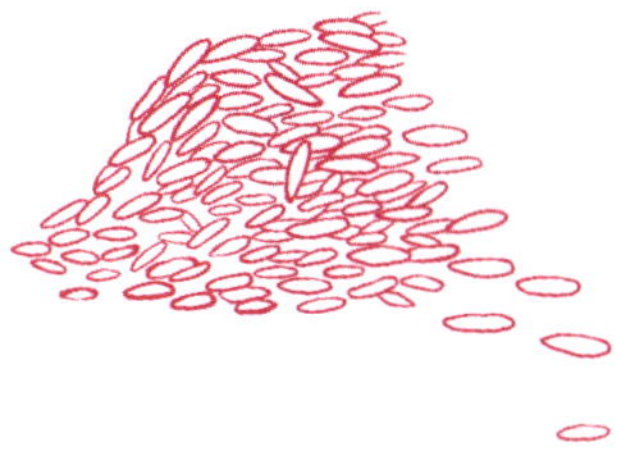

Intermezzo: Tacos de aire

No todos los seres humanos le temen al vacío, ese miedo atávico que nos impide instintivamente dejarnos caer de un precipicio, que nos produce vértigo cuando nos asomamos al abismo. Ese vacío que nos hace pensar en la ausencia infinita, la Nada que fagocita al pobre Ártax, el caballo de Atreyu en *La historia interminable*.

Hubo una época en la que el nombre de Sisal estaba en los puertos de todo el mundo, pintado en las amuras de barcos intercontinentales que transportaban un producto único, indispensable, y que después fue sustituido y olvidado: el henequén. Venía de este pequeño puerto en la costa norte de Yucatán, y por esto era reconocido en lugares remotísimos con el nombre del puerto desde el cual partía: Sisal.

El mundo necesitaba cuerdas, y las cuerdas, en el mundo, eran de sisal. Ya no.

Hoy Sisal es un pequeño centro turístico que mantiene algún vestigio del pasado, un pequeño muelle donde, al atardecer, hombres ancianos y niños se sientan a pescar; desde el cual se puede hacer clavados al agua caliente del mar. Pero sobre todo que transmite la decadencia de una gloria marítima y comercial que no volverá. En la costa de Sisal están surgiendo nuevos desarrollos turísticos, que se apropian de tierras comunales y las transforman en condominios de lujo para explotar una tierra cálida bañada por el mar.

Como todos saben, hace mucho calor en Yucatán, y en verano es el paraíso de los mosquitos, capaces de devorar a un ser humano en pocos minutos si el ser humano no se embarra de abundante repelente.

Es una tarde de julio y estoy de vacaciones con la familia en Sisal, quién sabe por qué. El calor es intenso, es verdad, pero no es lo más importante de esta historia. Lo más importante es un paseo por las calles desiertas: unos cuantos niños juegan sin temer los escasos autos que, a pesar de la poca prisa que se puede tener en un pueblito de Yucatán, representan una amenaza a la incolumidad del transeúnte.

Nos recomendaron el Dianelsy, un restaurante de pescado, pero no del lado del mar, donde sería más lógico, sino en las entrañas del pueblo, tierra adentro, hacia el verde del manglar. Se caminan pocas calles y se llega. Parece un error, hay una ciénaga a un lado de las mesitas de plástico rojas, lo que significa humedad e inevitablemente mosquitos. En efecto. No es un buen comienzo. Pero el mesero es alegre, listo, simpático y emana una energía tan positiva que decidimos quedarnos.

A los pocos minutos el joven mesero sonriente ya nos está sirviendo unos bocaditos, entraditas cortesía de la casa, lo de siempre, unos pequeños sopes con frijol y cebolla, unas tostaditas, y otro platito del que se asoman unas pequeñas flautas.

—¿Y estas qué son? —pregunto casi por educación.

—Son nuestra especialidad —contesta sonriente el joven mesero—. Tacos de aire.

Ingredientes para 4 personas

8 tortillas de maíz (2 tacos por persona)

Aire

Aceite para freír

Para la salsita roja:

Jitomate

Sal

Chile de árbol

Aceite

Es verdad que, como escribe Alberto Salcedo Ramos en su *Retrato de un perdedor*, la capacidad de burla, en muchos rincones de América Latina, se evidencia en los nombres que la gente les pone a algunos de sus platos más pobres.

Son pequeñas flautas doradas, en efecto, pero enrolladas sobre sí mismas, sin contener ningún contenido, ni un fragmento de pollo deshebrado, ni una cucharadita de papa ennegrecida a los bordes por el contacto con el aceite, nada.

Aire.

Tacos que contienen solo aire. Cubiertos con una salsita de jitomate fresco que le da un toque delicioso. Esto es un taco de aire.

Aquí el *horror vacui*, ese miedo al vacío atávico de la humanidad, se disuelve en el aceite de freír y se cancela con la mirada socarrona del mesero, que goza, imagino, cada vez de la sorpresa de sus clientes.

La comida en su conjunto es sabrosa; el pescado, fresco; los precios, honestos, y la gracia del mesero contribuye a soportar las picaduras de zancudos que no nos dejarán descansar en los días venideros.

Pero gracias a esta dosis de ironía la comida se vuelve bálsamo frente a la imbecilidad.

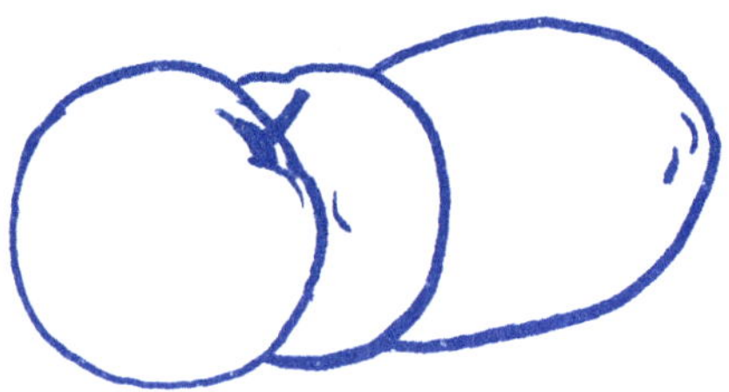

III. Ante colimote

Comala, Colima

Este es el ante.
Vengan a comprar
a cuatro por medio
y a tres por un real.

Ingredientes para 20 personas

Pan:

- 30 huevos
- 900 g harina de trigo
- 750 g azúcar
- Ralladura de 3 limones
- 3 cucharadas de polvo para hornear
- Esencia de almendra
- Esencia de vainilla

Crema pastelera:

- 1.5 litros de leche entera
- Canela
- Esencia de vainilla
- Esencia de almendra
- 750 g azúcar

1 lata de leche evaporada

1 lata de leche condensada

1 lata de media crema

500 g harina de arroz

4 yemas de huevo

Cobertura de mantequilla:

1 kg de margarina

1 kg de azúcar

Esencia de almendras

Esencia de mantequilla

Esencia de vainilla

Jarabe:

1.5 litros de agua

1.5 kg de azúcar

½ litro de amaretto

Esencia de almendra

Relleno y decoración:

Frutos secos y cristalizados de todo tipo (debe haber coco, piña y limón)

Coco rallado

Nuez

Piñones

Almendras

Cerezas en almíbar

Perlas (chochitos) plateadas

Horror vacui. Miedo al vacío. En esto pienso cuando veo finalmente la obra conclusa, cuando frente a mí se parte en su abundancia absurda el pastel que acabamos de hacer, el ante colimote. Nos tardamos tres días y ahora está aquí, frente a nosotros, cansados, aturdidos, en silencio.

Natura abhorret a vacuo, afirma la filosofía aristotélica transmitida a lo largo de los siglos, la naturaleza rechaza el vacío. Y por eso en la historia de la humanidad abunda lo abundante, se llena cada espacio, se amontonan decoraciones aparentemente innecesarias, sin sentido.

Cierro los ojos. Veo columnas romanas que conmemoran grandes empresas, atiborradas de personajes que ocupan todos los espacios; veo techos de mezquitas con las infinitas, mareadoras decoraciones floreales, geométricas; veo el retablo de oro de la iglesia del monasterio benedictino de San Martín Pinario en Santiago de Compostela: una intolerable estructura de madera cubierta de oro que no deja lugar ni al aire ni a la imaginación.

Yo amo los desiertos, las montañas vacías, el mar, el arte románico, descarnado y decoroso. No me da miedo el vacío, me atrae. Por esto lo que acabo de preparar no me parece posible que haya salido de mis manos, de mi intención.

El ante colimote es un absurdo pastel y está frente a mí en su abundancia, en su exageración, en su *horror vacui*.

Y me mira.

Noé Hernández es hijo de un matancero. A su padre lo llamaban para matar a los cerdos en los patios de las casas, y uno de sus primeros recuerdos es de cómo lo ponían de niño, con una cubeta, a juntar la sangre del puerco que su padre acababa de degollar. Eso para hacer la moronga, o rellena, como le decían. De ahí su amor a los chicharrones, a las carnitas.

Otro recuerdo es el de su mamá que freía las costillas de cerdo. Le molestaba que partieran las costillas con un hacha, y esos huesitos que quedaban le caían gordos, pero cuando estaban por freírse las mentadas enjarradas, que eran nada más una tortilla con manteca, era otro boleto. Eso sí era una delicia, las tortillas con manteca donde estás friendo la carne. Noé sostiene que la carne de entonces tenía otro sabor que el de la carne de hoy. Por supuesto, un sabor mejor.

Luego su papá se ahogó en uno de los estanques que están ahí en la comunidad, El Remate. Entonces, la cocina se volvió la forma que la familia tuvo de salir adelante. Ahí empezó a agarrarle el gusto, porque Noé era medio flojo para el campo. Sabía hacer todo, pero no le gustaba andar en el solazo. Decía no, no quiero andar por el campo, quiero andar en la cocina. Y salió peor. Acabó en el fuego. Ahora sabe que la vida en la cocina está muy dura también, pero el trabajo en el campo se le hacía demasiado pesado.

—¿Cuándo supiste que esta era tu vocación?

—A los 17 años, cuando era ayudante de cocina, empecé a agarrarle gusto.

Pero no era normal que un muchacho estuviera en la cocina, que en las comunidades de Colima es tradicionalmente espacio exclusivo de las mujeres. Sus hermanas forman parte de un colectivo de cocineras tradicionales: se llama "Mujeres del Fuego".

—A mí me costó mucho trabajo, porque ya ves que te dicen que los hombres en la cocina huelen a caca de gallina. —Lo dice con una media risita bajo los bigotes negros que le definen la cara redonda; lo dice como si se le escapara lo cómico, dado que siempre mantiene una expresión seria. Pero durante un instante se ve que con la mirada espera la reacción de su público, y la reacción le gusta—. Así decían.

Para un hombre, para Noé, en específico, aprender las recetas tradicionales se volvió un asunto algo complicado porque las cocineras tradicionales solo son mujeres.

—Las mujeres se sienten dueñas de la cocina, pero por una cuestión meramente de género. Los hombres quieren tenerlas ahí arrumbadas y luego también es mal visto lo opuesto, cuando las mujeres quieren trabajos de hombres. Pero son ideas, yo creo, que uno tiene que ir acabando poco a poco.

La sabiduría popular femenina, decía Manuel Vázquez Montalbán, ha dibujado al hombre que se mete a la cocina como un ser afeminado y sospechoso.

—¿A ti te pasó eso?

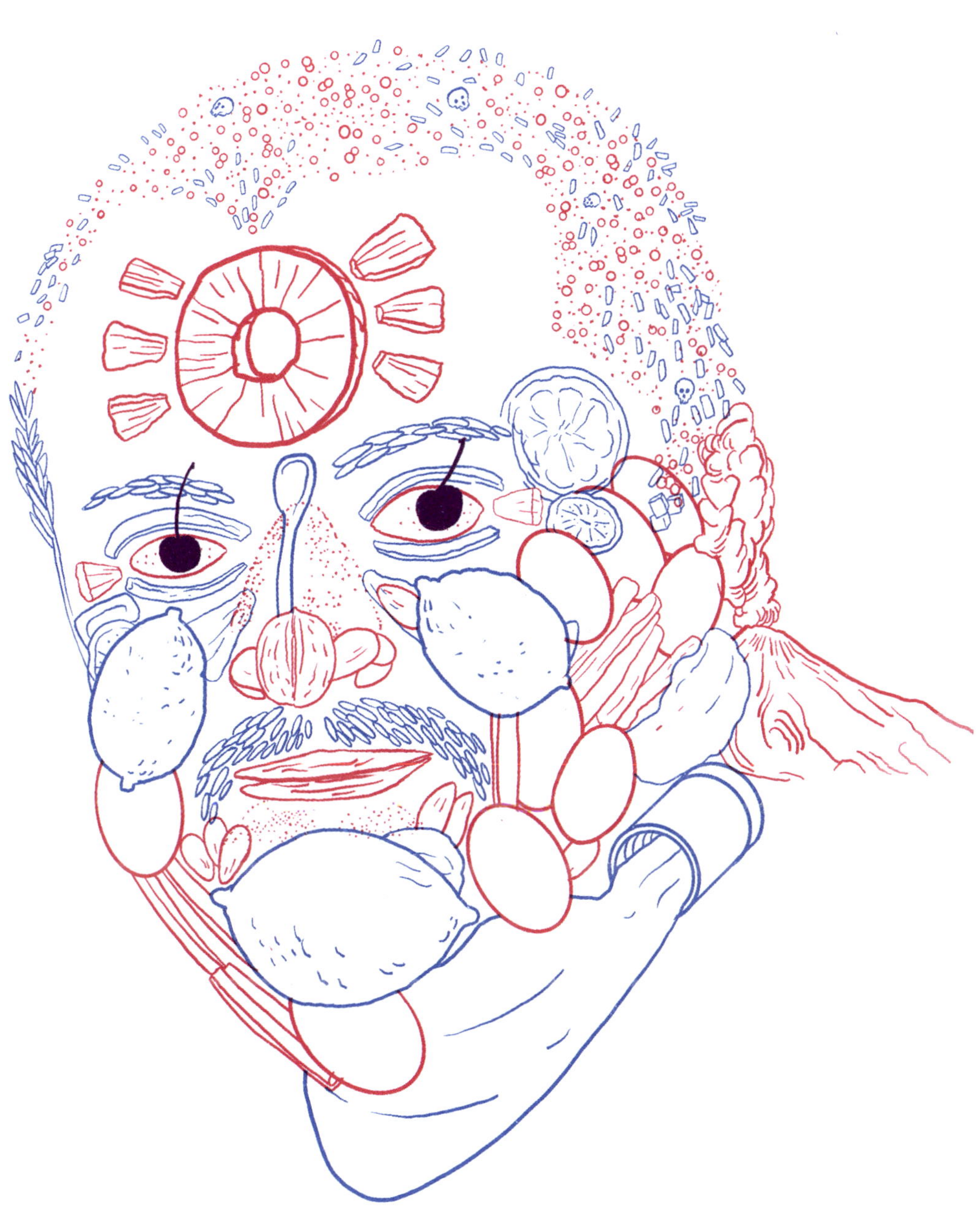

—Sí. No con mi familia, porque a mí sí me ayudaban, pero luego llegabas a querer aprender con la vecina y te decía esas cosas...

—¿Qué te decían?

—Eso, que los hombres en la cocina huelen a caca de gallina, "¡lárguese por allá!".

—¿Y cómo le hacías para aprender?

—Me iba con quien me permitía quedarme. Aparte siempre he sido terco... Donde más me dicen que no, yo estoy con que sí y ahí me retaca. Y, si me corrían, no me iba y me quedaba. Y entonces, más que aprender haciendo, estaba escuchando yo lo que estaban haciendo para poder replicarlo después. La gente puede ser muy dura. No puedes entrar acá, eso no es algo que puedes hacer tú.

Me hipnotiza la forma de moverse de Noé. Parece que su cuerpo, pequeño pero voluminoso, fluctuara en el aire. Tiene la capacidad de ser fluido y sus movimientos se sienten siempre armoniosos, aunque no tiene una complexión delgada. También cuando está quieto parece listo para ser fotografiado.

Intenta no sonreír, mantener un aire serio, aunque de repente suelta comentarios chistosos que hacen reír a los demás.

Noé tiene su restaurante en Comala, en cuya plaza principal hay una estatua de Juan Rulfo sentado en una banca, y la gente se puede tomar fotos con ella, pensando que acá vivía un tal Pedro Páramo. Pero no, no vivía aquí, porque no es este el pueblo en el que se inspiró Juan Rulfo. Nada más se llama igual, lo que, después de todo, es suficiente.

El restaurante de Noé se llama El Remate, y su especialidad es la cocina tradicional colimote. Hoy es martes y el restaurante está cerrado. Nos pusimos de acuerdo para preparar un postre que pocos conocen y casi nadie sabe hacer: el ante.

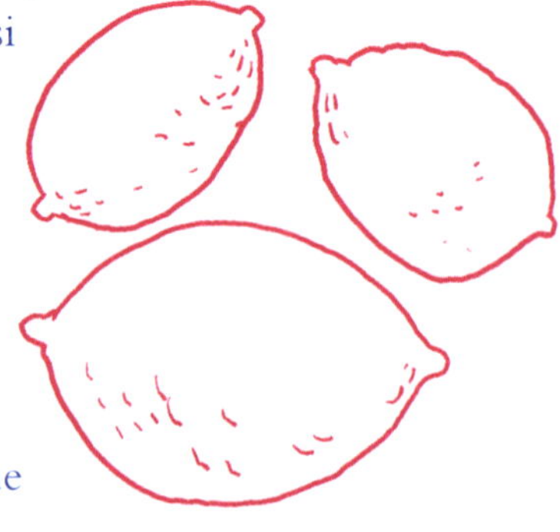

El ante es un postre muy complicado de hacer, y al día de hoy no son más de cinco las personas capaces de prepararlo. Noé es probablemente quien que mejor ha aprendido de Lola Márquez, la maestra de gastronomía que guarda los secretos del ante colimote y que lleva 60 años tratando de mantener viva la tradición.

Es un postre barroco que se compone de cuatro partes. La base es un pan esponjoso o pan mamón, que tiene que impregnarse durante días de un jarabe hecho de agua, azúcar, amaretto y esencia de almendra. El pan es fundamental porque tiene que aguantar el peso de toda la estructura: no puede quedar seco, pues sería incomible, ni aguado, porque colapsaría. El segundo elemento es la crema pastelera a base de arroz, que tiene que alternarse a cada estrato de pan. Junto con la crema se coloca una miscelánea de frutas secas y nueces para enriquecer la parte interna. Una vez armada la estructura se llega a la parte externa, que se compone de una cobertura de crema de mantequilla como una armadura blanca y dulce, y la decoración de fruta, semillas y perlas plateadas para el aspecto escénico.

Un postre que requiere de tres a cinco días de preparación, cuya receta podría haber desaparecido en el olvido de no haber sido por la maestra Lola Márquez, quien ha mantenido la receta viva a lo largo de más de seis décadas. Lola ha transmitido sus secretos a Noé y él se transformó en uno de sus mejores discípulos. Pero a Noé no le interesa la mística en la cocina, no quiere ser el único en conocer los procedimientos, las recetas. Al contrario.

—Que la gente aprenda a hacerlo. Yo no tengo secretos en la cocina de Colima, para nada. A mí pregúntame cómo se hace algo y yo te digo tal cual; incluso vente, te enseño. Vente aquí a la cocina, ven y llora conmigo allá en el fuego.

Y sí se llora con Noé, porque casi todo lo que se prepara en su restaurante, al igual que en su comunidad, se cocina en el fogón de leña. Y ahí lo que hace uno es llorar, con el humo y el calor que desprende.

Noé ha alistado la cocina para que nos pongamos a trabajar, hay mucho que hacer. Empezamos con el pan para hornearlo y envinarlo con el jarabe, el pasaje que requiere más tiempo. Se tiene que barnizar, poco a poco, con una brochita para que quede firme. Si se le echa todo el jarabe de un jalón, impregnándolo, se desinfla y no aguanta el peso del relleno, queda aplastado como un budín.

Cuando tenía 28 años, en 2012, Noé le quiso jugar al emprendedor y puso un restaurante en Suchitlán, a 10 kilómetros al norte de Comala, hacia la cumbre del volcán de Colima, que significa "lugar donde domina el dios del fuego".

—Y me fue de la chingada.

Lo dice serio con un tiempo cómico perfecto. Y genera una hilaridad general. Eduardo Medina, cocinero colimote que me presentó a Noé, está alejado escuchando nuestra conversación y se ríe en silencio, junto con Iazua Larios y Grecia Navarro, que quieren atestiguar la preparación del pastel.

—O sea, mal... hasta cierto punto, porque no fue buen negocio, es verdad, pero sí aprendí muchísimo. Aprendí cosas que ya no hice cuando tuve este.

En ese entonces Noé no sabía nada de mercadotecnia, ni de cómo se organiza un restaurante. Pensaba que, por estar el local en un punto de tránsito, eso era suficiente para atraer gente. Pero pronto se dio cuenta de que los potenciales clientes solo subían hasta ahí en domingo y en poco tiempo se volvió un negocio no rentable.

En su segundo intento abrió un restaurante en su comunidad, El Remate, donde tenía condiciones mejores por estar en su casa.

—Empecé con un fogón nada más. Y otro comal para tortear y ya. A partir de ahí, cuando la gente empezó a reconocer que lo hacía bien, empezó también el gusto.

Poco a poco el negocio creció y cuando se sintió listo abrió otro restaurante en Comala. Este.

Mezclo 30 huevos con el azúcar en una batidora hasta que se hacen espuma voluptuosa y dulce. Luego le agrego la harina poco a poco, con una cuchara de madera, despacio, mezclando de abajo hacia arriba.

No lo soporto. Siempre que me toca hacer esto con la crema del tiramisú se me corta. Cada vez que mi mamá o mi hermana me encargaban esta tarea, yo me desesperaba. Noé nota mi fastidio.

—Necesitas tener paciencia —me dice a media boca—. Es tu primer pan, aunque te salga feo no nos preocupamos.

Dicen que el humor cambia el sabor. La angustia, las malas vibras, los problemas, todo influye en el éxito de un platillo.

—Tienes que estar bien y de buenas para que te salga bien el ante. Te llega una llamada, te pone de malas, pues deja eso y, ya que te controles un poco, síguele.

Agregar ralladura de limón, polvo para hornear, esencia de almendra, esencia de vainilla.

Como muchos chefs, Noé es pragmático, tiende a resolver los problemas de la forma más rápida, económica y eficaz. Por eso no soporta tener a su alrededor a gente incapaz.

—Nomás me andan estorbando o preguntando tonterías, que dónde pongo esto. O sea, ya sabes dónde va, no me estés preguntando. Y a mí esas preguntas me caen gordas. Y no porque sea mamón y sea sangrón, pero a la gente no le funciona a veces el sentido común. Eso es lo que a mí me molesta.

Entonces Noé prefiere cocinar solo, por su cuenta. Sin ayuda.

—Y a veces no me aguanto ni yo solo. Es cuestión de ponerte a cocinar en el momento en que tienes ganas. Yo lo hago cuando se van todos a la chingada porque no los puedo ver yo en la cocina. Cocino en la noche.

El restaurante abre de jueves a lunes. Así Noé el miércoles al medio día va al mercado, hace las compras, y en la tarde se viene acá y empieza a cocinar lo que haga falta.

—Normalmente es lo que haga falta. Porque tengo siempre listos ciertos ingredientes, como el adobo para el tatemado, porque no puedo estar haciendo cada ratito para dos o tres kilos de carne.

Mezclo la harina con el batido de huevos y azúcar espumoso, lentamente, con atención, para que no queden grumos.

Platicamos.

—¿Qué es lo que más te gusta de la preparación del ante?

—La parte de pegarle las semillas. Es cuando se piensan cosas. Y resuelve uno muchos problemas estando ahí, pensando. A veces piensa uno puras tarugadas, pero normalmente, si te pones a pensar positivamente, resuelves mucho. Échale todo lo que queda. No debería verse ahorita tan grumoso, porque corremos el riesgo de que, cuando lo terminemos de hornear, salgan esas burbujitas de harina. Pero, de todas maneras, pues estamos aprendiendo. A lo mejor el segundo, el tercero ya nos va a salir perfecto.

Sigo las indicaciones del chef y sigo haciendo preguntas.

—¿Y qué es lo que más te gusta de cocinar?

—La parte donde la gente te… —Busca las palabras adecuadas. Habla en voz baja, su tono siempre es tranquilo. A veces, cuando tiene mucho que decir, aumenta la velocidad de las palabras—. Mira, mis clientes por lo general son gente grande. Es muy difícil complacer a la gente grande. Hay personas que te agradecen y te dicen que la comida les recordó a su abuelita fulana de tal de hace 400 años.

Me río fuerte. Son irresistibles sus chistes, que al principio pensaba involuntarios por su capacidad de no hacer expresiones faciales y mantenerse serio. Pero está constantemente jugando, lanzando anzuelos sutiles, a veces crueles. Los más divertidos.

—Entonces ahí uno entiende que está haciendo las cosas bien. —Su seriedad está escondida detrás de una expresión indiferente, como si no quisiera que lo sensible se tomara demasiado en serio. Y, como si nada, suelta su visión de la cocina—: Para mí la cocina se trata de eso, de crear recuerdos a partir de lo que estás cocinando. Si a la gente le haces sentir eso, ya la hiciste —mira el tazón que tengo en las manos—. Ya está. Si quieres tráetelo para meterlo al horno.

Son las 13:52. Vamos a sacar el pan del horno a las 14:22. Del techo de la cocina cuadrada cuelgan ollas y sartenes de todo tipo. Le llevo unos 10 centímetros a Noé, así que, al moverme en un espacio que no conozco, doy un cabezazo contra un sartén colgada, ennegrecida por el uso.

—Cuidado. ¿Te pegaste? Es que estás más alto que yo. Tenía una cocinera que medía como 1.54, creo. No alcanzaba nada. Tenía que ponerle una escalera para todo. Muy buena para cocinar, ¿eh?, pero muy chaparrita y no alcanzaba nada. Entonces, si le dejaba las cosas bajitas, todos se pegaban. ¿Hacemos otro pan? ¿No tienes hambre?

—Sigamos, aguanto todavía.

—Bueno. Lo que podemos hacer ahorita entonces es tomar alcohol. Quiero que se vayan bien fumigados —dice con cara muy seria, pero con una profunda picardía en la mirada.

Hay que ir preparando el jarabe, pero me tomo mi primera cerveza, que me sudaré en pocos minutos, con el calor del fogón y del día de sol.

Cuando está el pan bien esponjoso, lo dejamos enfriar. Nos movemos a la cocina externa, donde están el horno de barro y los fogones con los comales, donde se prepara gran parte de los platillos del menú de Noé. Entre fuego y humo.

Aquí vamos a preparar el jarabe, que lleva agua, azúcar, esencia de almendra y, al final, cuando ya se enfríe, amaretto.

—Yo aprendo mucho echando a perder las cosas. Intento, me equivoco, echo a perder. Vuelvo a hacer.

Con calma mezcla los líquidos para que el azúcar se derrita. En su casa Noé no cocina. Ya lo hace demasiado en el restaurante. Además, ahora que su pareja se fue a trabajar a Estados Unidos, tiene que hacerse cargo de este restaurante y del que quedó en El Remate, su pueblo más arriba en la falda del volcán.

—Él se encargaba de la barra. Ahora tengo que hacerlo yo.

Colima es un pueblote, donde todos saben todo de todos; las vidas y las relaciones son tan endogámicas que alguien define la ciudad como una orgía lenta. Le pregunto si piensa que se discrimina allí a las personas homosexuales.

—Ahorita ya no es tan así. También tiene mucho que ver con el ser productivo, que no seas una persona que solamente se la pasa en los bares, en antros, en la peda, sin hacer nada, que solamente anda en la perdición. Si uno tiene trabajo y es bueno en lo que hace..., no sé, un albañil que es un chingón, pero le gustan los hombres... Digamos que te chingan menos cuando tienes algún talento o eres alguien reconocido por algo que haces bien.

Una vez terminado el jarabe hay que preparar la crema pastelera a base de harina de arroz. Si lo pruebas sabe a arroz con leche molido con aroma de almendra.

—Lo que tenemos que hacer es poner las leches a hervir con canela, azúcar y las esencias. Ya cuando esté hirviendo, desbaratar unas tres o cuatro yemas de huevo junto con la harina de arroz y un poco más de leche fría. La vamos a revolver y vamos a ir primero integrando un poco de leche caliente a esa mezcla y luego regresamos a temperar lo que ya tenemos frío, y lo regresamos y lo batimos, lo batimos, lo batimos, y queda la crema lista.

No entendí nada. Noé es mejor haciendo que explicando. Me repite todo mientras yo ejecuto sus indicaciones, con la esperanza de que no pierda la paciencia conmigo.

—Como se va cociendo y el arroz va inflando, eso hace que se espese completamente y quede una crema pastelera. Ese sabor es como un arroz con leche con almendras. Está muy rico. Con textura de crema pastelera.

Noé cuida mucho la tradición y las reglas. Siempre y cuando tengan sentido y sean funcionales. Si no, las cambia.

Para preparar la crema pastelera, por ejemplo, no separa las yemas de la clara. Si lo vieran otros chefs más ortodoxos, se pondrían pálidos.

—¡Ay! A mí me da mucha flojera separar el huevo. Quita mucho tiempo y luego que ya se te pasó el pedazo de yema, y luego... no, no, no. Además, si se puede hacer de otra forma, qué mejor. De todas maneras, si no queda, ahí hay más huevos.

Ya está nuestro primer pan mamón. Lo sacamos del horno y lo llevamos a la mesa de trabajo. Espero con ansia el veredicto del chef, quien, obviamente, observa con una actitud muy seria el resultado. Al cabo de un minuto de silencio declara:

—Quedó muy bien para ser el primer pan. A ver si ahora al abrirlo no le salen bolas de harina.

Podemos empezar a impregnarlo de jarabe, poco a poco. Las actividades aparentemente más tediosas y repetitivas son las que permiten platicar. Le pregunto a Noé si siente que su trabajo ha salvado un platillo a punto de desaparecer y me contesta sin levantar la mirada del pan que estamos remojando:

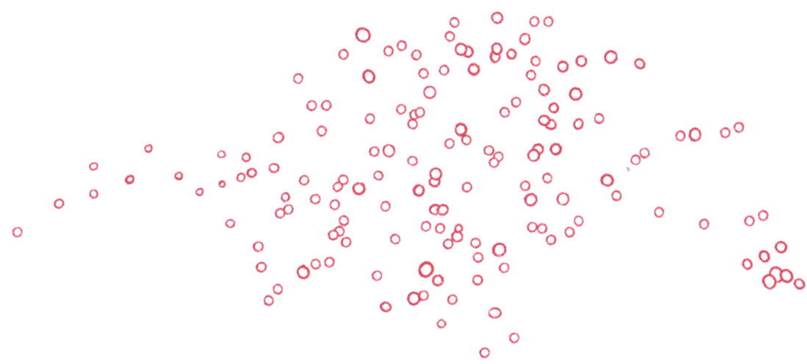

—Dicen rescatar y como que no me gusta usar esa palabra. Creo que es más bien difundir. Es rescate porque hay muy pocas personas que lo están haciendo, y, entre más, menos. Lo que he tratado yo es de llevarlo a todas partes donde es posible y a donde me invitan. Porque la gente no lo conoce, incluso aquí en Colima. Es costoso, tampoco se hacía mucho en casa, era para eventos especiales.

—¿Por qué ahora no lo hace más gente?

—La gente le huye un poco a un trabajo que toma tanto tiempo. Pueden llegar a ser cinco o seis días de proceso.

—¿Y a ti por qué te apasiona tanto?

—Porque lo aprendí a hacer de la maestra Lola Márquez, una persona icónica en Colima. Me enamoré de la cocina tradicional de Colima y me gusta mucho difundirla. Se convirtió, pues, en mi forma de vida.

Las horas transcurren y se pierden detrás de nosotros, concentrados en una actividad absurda: la construcción de un postre anacrónico en una vieja casona de Comala, entre recuerdos, bebidas, cremas y chistes.

En la noche nos despedimos de Noé, que tiene que quedarse un rato más para preparar alguna salsa para el restaurante. Está abierta una buena taquería, más abajo, en una calle vecina, empedrada y poco iluminada; ahí cenaremos. Pero mientras dejamos el restaurante de Noé, tengo la sensación de ser observado. Como si hubiera alguien más entre las sombras. Es cuestión de unos instantes y la sensación desaparece.

Bajando por la calle empedrada me voy convenciendo de haber participado en la preparación de algo especial.

Mañana veremos.

El día siguiente es miércoles. Quedamos con Noé por la mañana para ir al mercado. Nos vemos temprano frente al restaurante. Se pone al volante de su camioneta y me cuenta de su infancia en el rancho, cuando su padre y su tío mataban a los animales y lo involucraban.

—¿Has matado animales alguna vez?

—Sí. De todo. Nomás gente no —hace una pausa dramática, serísimo—. Pero no descarto la posibilidad. Ya después que uno ha cumplido sus propósitos en la vida, como que ya eso te da igual. —Me mira de reojo, las manos en el volante, y esboza media sonrisa—. No, no te creas. No tengo una mentalidad psicópata. Pero yo creo que hasta cierto punto puede tener un poco de relación, ¿no? Ya cuando le vas perdiendo el miedo a la sangre y a todo este rollo, como que dices "quién sabe"... Y luego más, uno no se pone a pensar como que en un momento de ira intenso, ¿no? Cuando se meten con algo que tú quieres mucho, la verdad es que siento que sí se puede perder la razón.

—¿Qué edad tenías cuando empezaste a matar cerdos?

—Siete. Bueno, a los siete empiezas no a matar, sino a ayudar, ¿no? Las tareas esas. Pero con el tiempo vas agarrando… Dices "sí me animo". Y empiezas. Como a los 10, 12, empezaba yo a agarrar la cuchilla, le decían en aquel tiempo, cuchillones grandes… Empezabas a degollarlo. Y era más rápido, se moría más rápido… Luego a veces cuando lo estás matando con un martillo o algo, a veces en el forcejeo se sueltan los cuerpos.

—¿También mataste con un mazo?

—No, con eso no. Se me hace muy cruel con los animales. Pero no se me hace cruel comérmelos.

—¿No te causaba impresión?

—Al principio me causaba impresión ver, pero ya después se te va pasando. Lo ves como algo normal. Es que es parte de estar con tu familia. Si acaso son una o dos veces que te quedas más marcado. Y es que antes no era así que digas… ¡Era a huevo que te ponían a ayudar!

—¿Ya no lo haces?

—Ahorita con las normas de higiene ya no te dejan matar animales como antes.

En el mercado compramos chiles de todo tipo, verduras y fruta en cantidad. Y luego de vuelta al restaurante, donde nos preparamos para seguir cocinando.

El hambre hoy es intensa. Aprovecho la cantidad de huevos y harina para preparar una pasta. Mientras tiro la masa para hacer tagliatelle, Noé me cuenta que en el restaurante hay una presencia. Uno de sus meseros dice que está seguro de que el alma de una mujer se manifiesta, que es alguien que murió aquí. Otro sostiene que está buscando el oro escondido hace siglos entre estas paredes.

—Varias personas, meseros sobre todo, me han contado que ven que llega una mujer y se sienta a la mesa 7. Que van por el menú y cuando regresan a la mesa la mujer ya no está.

Me lo cuenta con su tono plano, casi con indiferencia. Pero tiene ganas de darme más detalles. Yo pienso en la sensación de anoche y estoy seguro de que es todo cierto.

—Yo he andado aquí a todas horas. A las dos, a las tres de la mañana, realmente no tengo problema con la hora, pero ya cuando son después de las tres de la mañana, sí empiezo como... No sé si es el cansancio, yo no sé, pero empiezo como a sentirme observado, como si el silencio te llegara hasta a hablar. Porque dejan de pasar carros, nomás escuchas el aire, los grillos, y sí ves, de repente, así como que alguien se asomara y se regresa, y cosas extrañas. Pero a la persona de allá de la mesa 7 sí la han visto varios.

Volteo hacia la esquina de la mesa 7. Obviamente no veo nada extraño. Me esfuerzo por sentir algún tipo de energía. Nada. Me doy cuenta de que hablar de muertos que aparecen e interactúan con los vivos, en el centro de Comala, puede parecer un cliché literario. Sin embargo, a veces no podemos evitar ser los protagonistas de historias ya contadas.

—Una vez un trabajador que me ayudaba en la barra le comentó a una señora de aquí de Comala y le dijo que hace muchos años vivió una mujer que tenía algo mental y que aquí murió, en ese cuarto, y que es posible que haya sido esa mujer, porque sufrió bastante, y también un señor que cuidaba aquí este lugar, allá en la esquina del predio, ahí se murió y ahí lo encontraron días después, ya en descomposición. Entonces, mientras que son peras o manzanas, pues no sé realmente lo que suceda. Yo nunca he visto nada así directamente. Ni quiero ver.

—Pero sí hay una vibra extraña.

—Sí. Pero no creo que sean entes malos, porque no hacen travesuras de mover cosas ni nada. No, realmente no. Y a mí nunca me han hecho nada. Y ves que yo voy aquí dos, tres de la mañana, a cualquier hora.

La crema pastelera de arroz se pone entre estratos de pan. Una vez completo se cubre con la crema de mantequilla.

—Es un postre muy dulce, no está hecho para comerse seguido.

—No, imagínate, te da un coma diabético. Te carga la riata. El que tenga miedo de morir, que no nazca, dicen.

Cuando por fin nos sentamos a decorar el ante, ya anocheció. Nos rodean los mosquitos y la luz es baja. Hay bolsas con todo tipo de fruta seca: papaya, piña, durazno, chabacano, kiwi, cerezas. Hay coco, almendras, semillas de calabaza, piñones, nueces. Hay bolitas plateadas.

Sentados a la mesa en la que hemos trabajado tanto, las manos empiezan a dibujar flores, mariposas, plantas con las piezas de colores, y entramos en un mundo en el que se habla en voz baja.

Sin darme cuenta del momento en el que pasa, mi mente está vagando en los recuerdos. Estoy sentado a la mesa con mi madre, en un departamento en una playa que ya no existe, y estamos limpiando ejotes. Estoy en la casa de mi infancia, más pequeño, en otra mesa, con mi hermana, estamos sacando los chícharos frescos de su vaina. Veo mi madre sentada en una silla, en una noche de invierno, tejiendo lo que será un suéter de lana azul para mí. La escucho hablar mientras trabaja, no entiendo sus palabras. Mi mente viaja, viaja a la sierra de Guerrero, viaja a un lugar donde tendré que preparar un caldo de langostinos de río, un lugar al que me preocupa un poco ir. Pienso en las opciones, en decisiones alternativas, estrategias. Un momento o una hora después estoy sentado con mi hijo, tratando de razonar con un adolescente que entiendo y que me sorprende. La mente viaja sin pedir permiso, es difícil mantener la concentración, pero las manos trabajan solas, ejecutan una orden dada al inicio, suficiente.

Sin saber cómo, regreso a la conversación. Noé explica lo que hay que hacer, cuenta anécdotas y, de repente, calla y se abstrae. Es un ejercicio de meditación.

Ahora me lo imagino aquí, solo, preparando salsas, cocinando lo que al día siguiente sus meseros van a servir, de noche, el momento que más disfruta para cocinar, cuando no tiene que lidiar con la incompetencia ajena. Le fastidia tener que explicar a sus colaboradores lo que deberían saber por sentido común, así que prefiere hacerlo todo. De noche. Cuando en el patio de su restaurante se manifiesta, le han dicho, el alma de una mujer, ahí por la mesa 7, cerca de la pared de esta casona antigua que ha sido testigo de generaciones de vidas. A él nunca le ha tocado ver nada y, si algún alma existe, no cree que sea hostil. Es verdad que a veces, a las tres de la mañana, le ha parecido que alguien, desde aquella esquina, lo observa. Pero no podría afirmar que se trate de un muerto.

Pero Noé prefiere, en la soledad de la noche, resolver con calma los problemas de la vida, mientras sus manos transforman simples ingredientes en máquinas del tiempo.

Después de haber alimentado con jarabe al pan mamón durante dos días, haberlo llenado de crema pastelera de arroz, fruta cristalizada, nueces, de haberlo cubierto de betún de mantequilla, haberlo decorado, tenemos enfrente la obra en su absurda belleza.

Es una exageración. ¿Quién pudo concebir algo tan perverso? Es anacrónico. Por cómo funciona el mundo hoy, es un exceso de trabajo, de tiempo, de ingredientes, además caros. ¿A quién se le ocurre hoy hacer una cosa así? Es pretenciosa la cantidad de ingredientes que tiene.

Es un pastel arrogante.

El sentido que le doy va más allá del platillo en sí. Se trata de convivir en la preparación, compartir el tiempo con otras personas, recuerdos, historias. Se trata de convivir durante la preparación como durante el consumo.

Noé está medio sentado, medio acostado en la hamaca de colores colgada detrás de mí. Se fuma un cigarro en una pose que quién sabe por qué me recuerda la de Paolina Borghese de Canova. Nomás que en hombre gordito. En la oscuridad de la noche está en vena de confesiones.

—El ante colimote fue mi banderita para darme a conocer en todos lados. Lo que pensé fue "¿qué puedo hacer yo para que me reconozcan?". Algo que llame la atención, algo que haga poca gente.

Y lo hizo tan bien que ahora es él la referencia para este pastel insensato.

—¿Tú visualizas los platillos antes de hacerlos? —le pregunto.

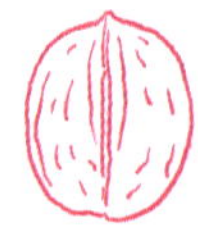

Es algo que me pasa todo el tiempo. Antes de empezar a prepararlos imagino todos los pasajes, los puedo ver.

—Sí. Claro. Hasta me imagino el sabor que van a tener los ingredientes.

Desde que Noé hace el ante, no ha comido una sola rebanada. Nada más lo prueba para ver si le quedó bien.

El jueves hay gente en el restaurante. Es el día del ingreso en sociedad de mi primer ante colimote. Para la ocasión Noé ha decorado una jaula de carrizo con flores y pájaros de colores. Me inquieta un poco que un pastel deba salir a la calle enjaulado. Pero parece que las jaulas de carrizo son parte de la artesanía de Colima, representan el trabajo de la gente de la zona. La jaula antiguamente, desbordante alegría, estaba adornada de flores de oropel brillantes, palomas de papel, y era llevada por las calles por mujeres extranjeras recitando un poema. Ahora las decoraciones son de plástico.

Acompañada por una amiga llega la maestra Lola Márquez, arreglada y radiante en su traje regional de Colima, una especie de huipil muy elegante, blanco y rosado. Cabello impecable, uñas rojas, un collar de perlitas rosadas, maquillaje de grandes ocasiones. Me siento emocionado por la presencia de la mujer que ha revivido este pastel y hoy vino a ser la madrina de mi ante, ella que ha preparado antes para miles de personas a lo largo de seis décadas, incluso para presidentes, como el que le preparó a Miguel de la Madrid.

—Miguel de la Madrid una vez me mandó a hacer uno bastante grande, fue desde aquí hasta acá —abre las manos indicando un punto impreciso más allá del final de la mesa en la que estamos sentados—, bastante, como de metro y medio. Se veía precioso. En ese ante le dibujé yo los volcanes en la parte de arriba con puras semillas, y luego acá unas palmeras, y en la parte de abajo el mar, con un barquito que se hizo de un pedacito de hoja de una planta que tenemos aquí, muy bonita, que cae de la misma palmera.

Se complace de su trabajo y pesca en la memoria los recuerdos que no han quedado grabados en fotografías.

—Le dibujamos la banderita de México en el barquito y quedó muy bonito.

El presidente De la Madrid mandó un avión por el ante de Lola. Su único pesar es no haber documentado el evento.

—Ahora me arrepiento tanto, porque habría una fotografía muy bonita. Cada vez que venía un presidente les hacía yo el ante.

Lola cuenta que doña Griselda Álvarez Ponce de León, la primera gobernadora del estado de Colima, explicó en un texto lo que era el ante. Se preparaba para las kermeses.

—Las jamaicas se hacían en un patio muy bonito y cargaban la jaula unas muchachas extranjeras. Aquí tuvimos muchos extranjeros. Les llegaban sus muebles y comida de Francia, de Alemania, de Italia. Se enriquecieron sembrando el café, el cacao y la caña. De ahí nació la idea de hacer el ante colimote, este pastel que tiene ese pan mamón, que aguanta mucho almíbar, y en el almíbar también se le pone amaretto o ron.

—Nosotros le pusimos amaretto.

—¡Uy, qué elegante! Si el pan está bien hecho, aguanta. Al mojarse no tiene que salirse nada. Si le sale líquido, está mal hecho, comienza a llorar, le digo yo.

Lola conoció el ante hace 60 años, cuando tenía 23, por medio de una señora que en ese tiempo tenía 70.

—¡Hoy tendría como 130! Ella lo hacía para los grandes festejos.

Ya cuando Lola retomó la tradición, el ante estaba quedando en el olvido. Ya había desaparecido la nobleza decimonónica con sus rituales de abundancia. Los ingredientes eran muy caros. En aquel tiempo el pastel se preparaba con un relleno de leche que se espesaba con almendra molida, lo que hacía subir todavía más el costo. Lola Márquez intervino en la tradición y decidió sustituir la almendra con harina de arroz. Reinventó el ante colimote.

Está sentada frente a mí, radiante, arreglada. Le pregunto por qué se interesó en este postre.

—Estaba olvidado y necesitaba volverse a conocer.

Como un alma de otro tiempo, perdida en el olvido, pienso yo. Era el ante mismo que le pidió ayuda. Ella lo escuchó y dedicó su vida a la cocina y a la conservación de un pastel tan absurdo y excesivo.

—¿Cómo era su discípulo Noé?

—Hay un detalle muy bonito. Noé fue a aprender a hacer el ante en la casa con una muchachita. A los dos les di los ingredientes. La chica era amiga de mi marido, preparó el ante y se fue a platicar con él. Noé se quedó platicando conmigo. Después me dijo Jaime, mi esposo, que la chica había preparado el ante porque había venido con Noé, que a ella no le gustaba en realidad. Hubieran visto cuando salió el ante: el de Noé así de alto —hace un gesto con las manos, una sube más de 20 centímetros arriba de la otra—, bien parejito y bien esponjadito. Y el de ella —aplasta con una mano el aire que la separa de la otra y las hace chocar— ¡se aplastó!

Se queda en silencio unos segundos, me mira a los ojos, las manos enanilladas, cruzadas encima de la mesa.

—Dije: "¿Y esta por qué vino a prepararlo si en realidad no lo estaba haciendo?". Yo digo que, si se le mete amor, todo sale mejor.

Finalmente llega el momento de presentar el ante. Siendo Iazua actriz, lee el poema con profesionalidad, y la escena me conmueve. Sobre todo el hecho de que Lola Márquez, después de probar su rebanada de pastel, pida otra en un itacate.

Que un comensal quiera repetir un platillo es lo mejor que puede desear un cocinero.

El ante está delicioso. La dulzura no cubre el conjunto de sabores, entre los cuales destaca el coco, la piña y el aroma almendrado del licor. Es excesivo, redundante, intenso y el mismo sabor te dice que hay que dosificar las cantidades, no es posible comer demasiado sin sentir un vértigo de dulzura. Su sabor me trae recuerdos de cosas no vividas, recuerdos que no son míos o no reconozco.

Viendo el ante frente a mí tengo la sensación de que la obra que creamos Noé y yo viene de otro tiempo: su aspecto es onírico, su extravagancia evoca vidas pasadas, una pieza que quizás no es de esta época, no pertenece al presente. Un pensamiento fugaz toma forma en mi mente con la fuerza de la verdad: ¿no será el ante mismo aquella presencia espectral que aparece de noche? Un pastel fantasma.

Luego se hunde en el fondo de mi conciencia, tan repentino como llegó.

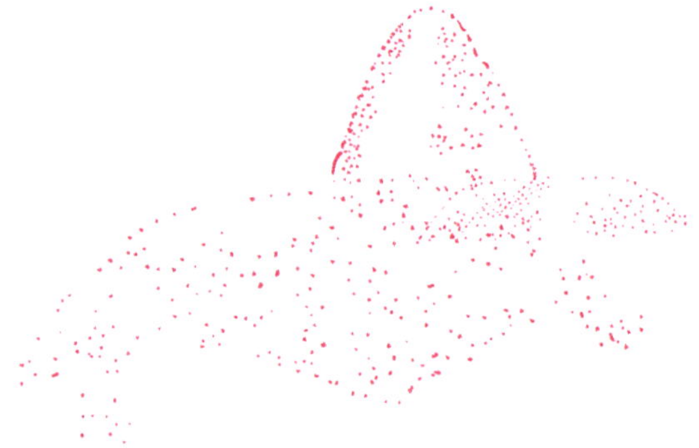

Intermezzo: Spaghetti Oswaldo

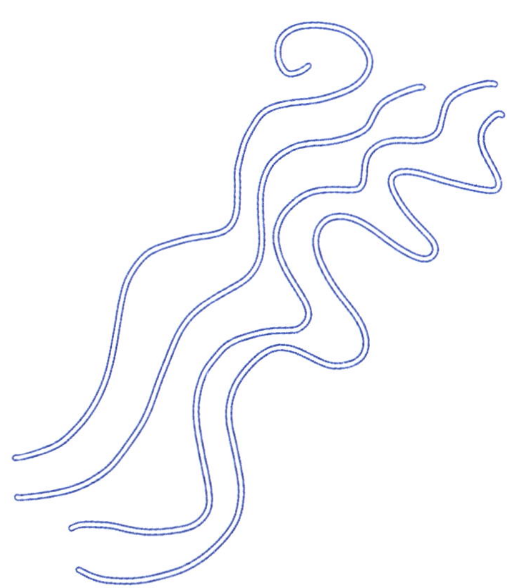

Una vez me peleé tanto con Oswaldo Zavala a causa de un platillo que yo había preparado que nuestra amistad estuvo en riesgo de terminar.

Oswaldo es más que un colega o un amigo. Para mí no es tanto el académico renombrado o el analista crítico imprescindible en el debate cultural contemporáneo sobre el narco, la violencia y la literatura. Para mí es un hermano mayor con el cual me confronto, discuto, razono, tomo mezcal, incluso produzco pensamientos nuevos. Pero Oswaldo Zavala, con todo el amor que le tengo, no entiende nada de cocina. Lo escribo sabiendo que no se puede defender, porque estas páginas son mi espacio, mi terreno, mi reino. El lugar en el que puedo fijar para siempre la historia de una pelea durísima, un choque cultural que casi acabó con nuestra amistad, de no ser por la sabiduría de su esposa Sarah, quien, con paciencia, logró convencernos de que nuestro infantilismo y orgullo no nos iba a llevar a ningún lugar.

Recuerdo un risotto de espárragos, preparado en una casa en la Ciudad de México que le había prestado un amigo durante un tiempo. Y es que Oswaldo, a pesar de ser nativo de Ciudad Juárez, vive desde hace muchos años en Nueva York. Razón por la cual, pienso yo, quizás para disculparlo, su entendimiento de la cocina es tan deficiente.

Recuerdo entonces un día de sol en la Ciudad de México, en la cocina de una casa luminosa de la Condesa. Recuerdo mis manos picando cebolla, cortando espárragos, platicando de cómo el risotto es importante en mi cultura ancestral y en mi familia.

Después de casi dos horas de preparación, ya sentados en una mesa poblada de hijos y padres y amigos, me llamó la atención que Oswaldo agarrara con decisión una botellita de salsa de chile habanero, industrial, de un color fosforescente, y vaciara la mitad de su contenido encima del plato de risotto. Recibió mis protestas con una carcajada: "Es mi plato, es mi decisión, no me puedes decir cómo tengo que comer".

Luego mis recuerdos se ofuscan y sube una niebla densa. Μῆνιν (*mēnin*) la llama Homero. La ira, primera palabra de la *Ilíada*, el sentimiento que determina toda la historia, que infinitos lutos causó a los aqueos. Para Homero la ira es οὐλομένην (*ouloménēn*), ruinosa. Y es exactamente la ruina lo que lleva la ira. La humanidad lo sabe desde entonces. Y desde entonces sabemos que sería sabio evitarla. Pero igual sabemos que es inevitable porque los humanos estamos a la merced de Ἀνάγκη (*anánkē*), la necesidad ineludible, el hado.

Lo que para Oswaldo Zavala, juarense agringado, se trataba de una decisión individual, de un gusto personal incuestionable, para mí, italiano hijo de siciliano y veneciana, era una inaceptable ofensa. Por supuesto, una ofensa que había que lavar con sangre.

Lo que parece una anécdota risible y sin importancia esconde en realidad un choque cultural y político, un desencuentro que evidencia dos formas de entender el mundo, la vida y la cocina.

De un lado de la mesa estaba el individualismo hijo del consumo desmedido, expresión del capitalismo estadounidense. Del otro lado de la misma mesa estaba el comunitarismo culturalista. Si para un individualista capitalista la comida es nada más la forma descontextualizada de alimentarse, cuyas diferencias denotan creatividad sin un sentido profundo, para un comunitarista tradicionalista la comida está cargada de significados, de cultura, de sentido. Imposible ver los ingredientes en nuestros platos de la misma forma. Imposible sentir el mismo sabor. Imposible darle el mismo significado.

El gusto individual de Oswaldo prevalecía totalmente sobre las reglas que imponía mi cultura. Por otra parte, las reglas y los códigos de comportamiento chocaban con esta visión neoliberal: no se pone una salsa picante (industrial) encima de un risotto de espárragos. Las reglas las establece quien cocina, no quien come.

¿Quién tenía la razón?

En los años que he pasado dando vueltas por el mundo me he dado cuenta de que es fácil ser relativistas con las culturas ajenas. Las cosas cambian cuando se toca lo que nosotros consideramos como sagrado. Cuando contaba, en México, esta anécdota, tal vez cientos de veces, casi siempre acabé recibiendo comentarios críticos hacia mí: "eres un exagerado", "pinche italiano loco", "deja de mamar", etcétera. Sin embargo, las cosas cambiaban cuando se tocaban los gustos codificados y sagrados de la cocina mexicana. Entonces se vuelve una ofensa ponerle Nutella al taco al pastor, sumergir en agua de sandía los chilaquiles o, simplemente, mencionar que, en el fondo, los de Taco Bell son en efecto tacos mexicanos.

Pero es aquí que el razonamiento se hace interesante. ¿Por qué consideramos algo sagrado? ¿Por qué pensamos que nuestras tradiciones son intocables?

Lo que comemos es el resultado de experimentos, entendimientos, desarrollo de gustos, que, como todo, van cambiando. Tenemos la ilusión de que nuestras tradiciones son inmodificables, que tiene sentido decir "desde siempre".

La cocina italiana, que hoy parece más codificada que nunca, es una materia en continuo movimiento, y lo son también los principios que creemos inmutables. Leonardo da Vinci, maestro de ceremonias de la familia Sforza en Milán, preparaba platillos que hoy consideraríamos vomitivos, mezclando ingredientes en el mejor de los casos discutibles. No tenía a su disposición la enorme cantidad de ingredientes que llegaron a Europa solo después de la conquista de América y que se difundieron mucho tiempo después.

De la misma manera, lo que se considera parte de la cultura ancestral de México o de sus pueblos originarios se prepara con ingredientes que arribaron en las carabelas junto con la brutalidad de la odiada Corona española.

¿Todo esto a dónde nos lleva? ¿A un relativismo total? ¿Acaso, entonces, nada tiene sentido?

Pues no sé. Lo que pude entender gracias a esta pelea durísima fue que la única salida es el entendimiento, la tolerancia, la paciencia, el respeto mutuo.

La cocina es un acto de amor. Puede ser. Seguramente la cocina es poder, el poder de quien cocina sobre el que come. La comida puede hacer que estemos bien, puede hacernos sentir felices, satisfechos, darnos placer; puede curar si nos enfermamos; si algo nos hiere o nos hace daño, acudimos a plantas, líquidos, pócimas, alimentos que nos ayudan, y eliminamos aquellos que no sirven o que empeoran la condición.

Con la gripa es bueno evitar los lácteos y comer jengibre, ajo, miel, limón, beber agua. Con la diarrea, evitar alimentos irritantes como el chile, el jitomate, el pimiento, y comer papas, pan, arroz blanco. Con la anemia es importante el hierro: hígado, carnes rojas, pero también legumbres, que evitaremos con el estómago inflamado; el calcio en la leche, en el yogurt, pero también en nueces, almendras y avellanas. Todos sabemos de la vitamina C en el limón, la naranja y la mandarina, pero está igualmente presente en el kiwi y el jitomate. Zanahorias para la vitamina A; aceite de hígado de merluza para la vitamina D; pescado para el fósforo. Estimulantes son el café, el té negro y el té verde.

La comida también nos puede hacer el mal, envenenar, matar. La comida podrida, adulterada o en una dosis demasiado alta puede enfermarnos. Las habas para el alérgico son mortales.

El que cocina, por estas razones, tiene un papel extraño, un poco como el cirujano, el dentista, el barbero. Necesita la confianza de quien come. Tiene en sus manos el poder de la vida y de la muerte. Como brujo, sabe mezclar los ingredientes para preparar pócimas benignas, que dan vida, o malignas, que traen muerte. Cocinar es una brujería que otorga un poder oscuro, misterioso.

El cocinero maneja el fuego. Es el alquimista que juega con los elementos y los transforma, el que crea la panacea, el que busca la piedra filosofal, el que conquista la omnisciencia, el que genera y prolonga la vida.

Tiene razón Toño Arreola: el misterio no puede ser revelado. Puede ser un ingrediente, o la cantidad, o un paso en la preparación, o el orden con el cual se mezclan los ingredientes, o el tiempo de cocción. Cada brujo tiene sus secretos que no revelará, o que revelará solo en parte para que los demás no puedan ser dueños de toda la información. Los secretos de la brujería son parte de lo que hace única cada receta. La otra parte es la que conocemos como sazón, que no es otra cosa que la esencia misma de cada persona, el elemento que la caracteriza, que la define, que la hace reconocible. Se podría decir, sin temor a exagerar, que la sazón es el alma llevada al platillo.

La sazón puede ser buena o no. Conozco a personas que tienen una sazón insípida, desafinada, pesada, demasiado agresiva. Hay quien tiene sazón árida, quien la tiene grasosa, quien la tiene generosa, quien la tiene excéntrica, quien tiene una sazón precisa pero incompleta, quien la tiene aproximativa y confusa, quien la tiene triste y deprimente. La sazón es el alma en el plato. El alma de cada uno de nosotros. No es genérica, no es cultural, no es secundaria. Y contiene un misterio. Contiene los secretos.

M
48
12
A
215
30

Toño tiene razón, pero no sabe que yo respeto el misterio. Respeto los secretos. No lo sabe porque Toño no cocina. Se levanta como energúmeno en defensa de lo que no conoce. Es un guerrero, no un es un brujo. Un cocinero es un aprendiz hechicero.

¿Qué pasa cuando se pierde el misterio? ¿Qué les pasa a los platillos, a quienes los cocinan y a quienes los comen?

El misterio se pierde cuando cocinar se vuelve una acción vacía, un fin en sí mismo, una pura expresión del narcisismo; cuando la comida y la cocina se vuelven un fetiche, cuando se vuelven *trendy*, cuando se alejan de la vida.

Han pasado muchos años desde mi pelea con Oswaldo Zavala, aceptando una distancia sin real entendimiento, pero tiempo después, no recuerdo cuánto, pensando en esa situación que se veía sin salida, decidí hacer algo más que perdonar o esperar el perdón. Me inventé un platillo. Uno que le permitiera a Oswaldo estar a la vez dentro de los cánones de mi cultura ancestral, pero sintiéndose libre de llenarse el plato de su salsa industrial de habanero.

Spaghetti Oswaldo

Ingredientes para 4 personas

- 500 g de spaghetti
- 1 ajo negro
- 1 chile habanero fresco
- 200 g de queso pecorino o parmigiano rallado
- Aceite de oliva
- Sal

Pensé en un platillo que es un clásico de la comida nocturna italiana, la pasta *aglio, olio e peperoncino* (ajo, aceite y chile). También conocido como "la pasta del cornudo" porque, en una época en la que los hombres solían trabajar fuera de casa y las mujeres en casa, cuando el marido regresaba después de un día de trabajo y su esposa había preparado esta pasta, muy rápida de hacer y que requiere poco esfuerzo, el marido sospechaba que la mujer hubiese estado ocupada con otro hombre y que por eso no le hubiese dado tiempo de preparar nada más complejo.

En este caso se pone a calentar el agua para la pasta, se le agrega un poco de sal gruesa y se deja hervir. En una sartén se vierte abundante aceite de oliva extra virgen y unos dientes de ajo negro, cuyo sabor es menos agudo que el ajo normal, mucho más dulce y tendente al aroma del regaliz. También se pone una abundante dosis de chile habanero fresco picado y se deja calentar dulcemente a fuego mínimo. Una vez que el ajo y el chile se hayan acitronado se apaga el fuego. Cuando el agua hierve se mete la pasta. Según yo, es bueno usar pasta larga, o sea, spaghetti o linguine. Se quita del agua unos tres minutos antes del punto de cocción y se pasa a la sartén a fuego alto. Se agrega un poco de agua de la cocción, que contiene el almidón necesario para darle cremosidad, y con una cuchara de madera se revuelve suavemente pero con decisión, hasta llegar al punto de cocción correcto, es decir, *al dente*.

Para templar el picor y la acidez del chile habanero recomiendo agregar una dosis al gusto de queso pecorino rallado.

Este platillo, completamente inventado por mí, tiene una buena sapidez, es muy picante pero dulce a la vez. Y Oswaldo tiene la libertad de ahogarlo en más chile habanero.

Oswaldo Zavala todavía no ha probado la pasta que lleva su nombre. Quizás le parezca demasiado picante.

La historia de cómo me inventé un platillo extravagante, poco ortodoxo, para resolver mi pelea con Oswaldo Zavala, gran conocedor de la historia del narcotráfico en México, me hizo pensar en otra historia, la de un joven que conocí hace unos meses y que para vivir cocina fentanilo en una casita en el valle de Chalco, al oriente de la Ciudad de México. Se la quiero contar, mientras hierve el agua para la pasta.

Este hombre, que llamaremos Juan, no llega a los 30 años, viste con suéter ancho, lleno de pelos de perro, y un gorro negro bajado casi hasta los ojos, escondidos detrás de unos lentes sucios y gruesos.

Juan me explicaba, con enorme pericia, las dificultades de cocinar fentanilo. Sus jefes le proporcionan los ingredientes y él, junto con otros dos muchachos huérfanos, se encierra en esta casita a cocinar. Es muy modesta, las paredes no están enlucidas, los muebles son recuperados, viejos, medio rotos. Los muchachos son amables y ninguno de los dos llega a los 20 años. Juan destapa una caguama y se acomoda en la silla para explicarme que para cocinar fentanilo se requiere atención y cierta capacidad, dado que manejar los químicos sin la protección adecuada los puede matar. Además describe la estructura de la organización en la cual trabaja.

—En la organización hay rangos, una jerarquía. Nosotros solo cocinamos, luego hay gente que lo empaqueta. Hay gente que se para en la calle y lo distribuye. Uno no puede hacer todo el trabajo. Aquí, en este cuarto, se preparan las dosis. ¿Cuánto vamos a hacer? Mil dosis. Pum, pum. Nos encerramos. Luego esta corcholata vende y le decimos: "Señora Corcholata, vaya a vender a las calles", y ya. La señora Corcholata va y vende en las calles. El patrón dice que lo des en 500, que lo des en 600. Tal vez si la policía está cara. Entonces tenemos que dar algo a la policía. Pues cada gramo es 50 o 60 pesos más. Van destinados también a cuando llegan por la renta, el derecho de piso de los policías, que dicen: "A ver, muchachos, ¿pues qué pasó con ustedes?". Hay que pagarles su parte a los policías para que te dejen trabajar.

En la zona hay cuatro cocinas y cada cocina produce unos 12 o 13 kilos de fentanilo a la semana.

—Entonces son como 50 kilos a la semana. Pero pues esos 50 kilos se van rápido. El precio depende de la ciudad. Apenas platicando en una fiesta de rap con unos chicos, estaba en 800 el gramo de fentanilo. Sube mucho el precio por el transporte, por todo ese tipo de dinámicas.

Según Juan no va a pasar mucho tiempo antes de que más gente aprenda a cocinar en el barrio.

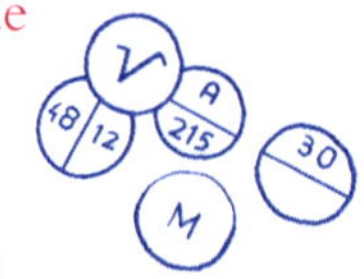

—Con que le enseñen a cocinar a cinco cabrones, y esos cinco cabrones les van a enseñar a otros cinco cabrones. Y así va a ser. Es muy fácil aquí en el barrio encontrar el cabrón que te cocina piedra. Así, por ejemplo, cuando veníamos, ¿viste que en el camino había un chavo con una bocina? Estoy seguro de que le das una bolsa de cocaína, una lata y te consigue unas buenas piedras, porque ya es algo que se comercializó y que se hizo costumbre aquí en el barrio. Yo creo que en unos cinco años eso va a pasar acá con el fentanilo, que ya cualquier cristiano te va a cocinar ese tipo de sustancias.

Lo cocina, pero dice que nunca lo ha probado, a pesar de hacer uso de otras sustancias.

—Nunca lo he consumido ni lo pienso consumir. Sí les saca el diablo, los transforma, los vuelve zombis y ya. Y es que tú te quedas encerrado en un laboratorio y no ves el daño allá afuera. Yo no lo veo en las calles. Pero en el fondo sabes que estás cocinando mierda, y se empiezan a ver a esos zombis y dices puta madre, y muy en el fondo sabes, pues yo estoy haciendo esa madre. Toda esta casa, esta calle es mi cocina. Todavía hay algo de Dios en mi corazón para que me haga sentir eso. Es una cruda moral muy fuerte. Está cabrón.

La inteligencia aguda de Juan se diluye en el alcohol y en las diferentes sustancias que consume todo el tiempo. Está consciente de los riesgos de la vida que conduce. A la vez no ve grandes alternativas. La acepta e intenta disfrutar lo más que puede, con la idea de dejarla en cuanto logre guardar más dinero.

—Me gusta el arte. No sé por qué, pero me gusta el arte. Y me estoy dedicando a algo del arte. Sí, algo diferente. Una nueva vida. Pues no soy tan grande y creo que ya experimenté ciertas cosas. Pude capitalizar algo de lo que se generó, y sí, estaría bien. Como en mi pueblo hay un pastor que mató e hizo un desmadre y ahorita está enseñando la palabra de Dios a la gente. Tal vez no tanto así, pero sí hacer una asociación o algo, pero es que no sé, es la cruda moral o la deuda de la sociedad de decir ¿sabes qué?, le hice tanto daño que creo que les debo algo a mi manera de ser. ¿Quién sabe? Cada quién piensa diferente.

No se me antoja juzgar. No sé qué haría yo si me tocara vivir la vida de Juan. Sería fácil cargarlo del peso de la culpa, la responsabilidad de producir la droga que mata muchos jóvenes como él. Pero es necesario hacer un esfuerzo, intentar observar más allá de Juan. El sistema que usa a los Juan de los barrios pobres está hecho de hombres y mujeres que viven en la legalidad, que gozan de respeto y que ocupan lugares importantes en el mundo de las empresas, de la política. En ese escenario, Juan es un peón más, cuya capacidad de decisión es en realidad muy limitada, cuyo movimiento es en realidad condicionado. No tiene muchas opciones reales. Por supuesto puede escoger, es un punto en el que siempre ha insistido mi amigo Edwin, expandillero sobre el cual escribí un libro hace años. Siempre se puede escoger. Pero cuando el mundo te relega a los márgenes, una vida loca puede dar la impresión de valer un poco más, de ser más importante, de ser más respetada, de contar algo.

Sigo identificando a los responsables de la violencia y del terror en las clases altas, en la "gente de bien", en los poderosos, a los políticos criminales, a las transnacionales, y no a los pobres que ponen en juego sus cuerpos.

Me pregunto si la capacidad de cocinar muerte se podría aplicar para cocinar vida. En otras condiciones, quizás.

IV. Arroz djon djon

Tijuana, Baja California/Fonds-des-Nègres, Haití

Ensalada de betabel:

Papas
Betabel
Zanahoria
Sal
Salsa ranchera
Mayonesa

Pikliz:

Col
Zanahoria
Pimientos

Pollo frito:

Pollo
Vinagre
Limón
Sal
Agua
Aceite

Arroz djon djon:

Arroz
Chile habanero
Frijoles verdes
Cebolla granulada
Hongo djon djon
Cúrcuma
Leche de coco
Cubo sazonador
Crema
Manteca
Pimienta molida
Ajo molido
Clavo molido
Paprika
Base verde
Agua

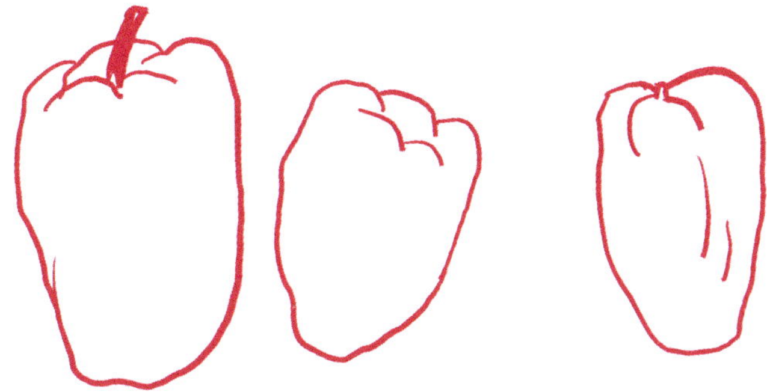

Un hombre hurga con ambas manos entre los objetos amontonados en una lona de plástico. Descarta un cargador de celular con un cable imposible de desenmarañar, aparta el control remoto de un climatizador y una linterna rosada de Hello Kitty; sopesa una cámara fotográfica digital obsoleta e intenta prenderla, sin éxito, luego la deja a un lado. Finalmente pregunta el precio de una USB, pero no la compra. Sin mirar al vendedor pasa al puesto de al lado, el de tenis piratas, y vuelve a hurgar. Un momento después la multitud de personas que frecuentan el tianguis de la Zona Norte de Tijuana engulle al hombre, que desaparece de la vista.

En un mundo poblado por cyborgs que combinan partes del cuerpo orgánicas con dispositivos electrónicos estilo *Blade Runner* o *Battle Angel Alita*, los repuestos mecánicos los iría a buscar, sin duda, a Tijuana.

Claro, probablemente los modelos originales estarían en venta en alguna boutique en París, quizás fabricados en laboratorios de Zúrich o San Francisco, pero los repuestos de contrabando, las sustituciones modificadas y los órganos robados (como los ojos que quiere implantarse el personaje de Joystick en la película *Nirvana*, de Gabriele Salvatores), esos los encontraríamos todos en esta ciudad cyberpunk en la frontera con los jardincitos verdes californianos de San Diego.

Tijuana, al contrario, es una ciudad fea, y las zonas verdes son casi inexistentes.

No estoy buscando microchips falsos para instalármelos bajo piel. Busco un lugar en el que cortarme la barba. Me han dicho que en la Zona Norte los mejores barberos los encuentro en la calle, y son haitianos.

Decir Zona Norte significa decir "adyacente a la frontera", al muro. Tijuana está aplastada en esa línea al norte, pero sigue expandiéndose hacia donde puede, hacia donde hay espacio: al sur y al este, porque al oeste, después de Playas de Tijuana, la acorrala el océano Pacífico. Basta mirar un mapa: la ciudad está aferrada al borde o, como le dicen acá, a la línea.

Es realmente una línea. Sutil, hecha de herrumbre, que corre por kilómetros hacia el oriente, hacia la Rumorosa, hacia el desierto.

Tijuana se aferra a la línea porque vive en función de su ciudad gemela, del país gemelo. Un gemelo diferente. Un cuate.

Ya desde antes del amanecer, desde la línea se despliegan filas de automóviles a lo largo de las arterias desordenadas e insensatas de Tijuana para permitirles a los mexicanos atravesar la frontera y llegar a tiempo al trabajo, del otro lado. Aquí no es necesario especificar. Cuando alguien te dice *el otro lado*, no está hablando del más allá, sino de Estados Unidos, y en particular de California. Los miles de personas que cada día cruzan la línea trabajan en oficinas, tiendas, restaurantes; son meseros, obreros, albañiles, empleados, cocineros, pinches, jardineros, cuidadores. Muchos jóvenes van a la escuela o a la universidad en San Diego para obtener un título más rentable, para dominar el inglés. Tijuana vive de San Diego.

San Diego, por su parte, parece que da la espalda a la frontera. Las dos ciudades figuran dos amantes que no pueden prescindir el uno del otro, pero que juegan un juego de deseo y rechazo. Tijuana está tendida hacia San Diego: sus habitantes se levantan a las tres de la mañana, a las cuatro ya están montados en el auto, a las seis cruzan la línea, a las siete llegan al trabajo, con sus placas de California, sus dólares en el bolsillo, sus gorritas de beisbol o futbol americano: Padres, L.A. Chargers o 49ers. Son los mismos que al anochecer vuelven zumbando por la interestatal de San Diego número 5, la cual los llevará, sin necesidad de ningún control fronterizo, hasta el centro de Tijuana. Centro que se encuentra, de hecho, en el extremo norte de la ciudad y se embadurna a lo largo de la línea.

San Diego hace como si Tijuana no existiera. Y no importa si miles de personas, cada día, como las mareas, mantienen de pie con su trabajo la economía de la ciudad. En cuanto llegas del otro lado, la ciudad cyberpunk no la ves más. Desaparece. Aparecen pastos verdes, árboles, barrios ordenados, señalización vial y gente blanca.

Si buscas el restaurante Lakou Lakay lo encontrarás en una calle transitada de la Zona Norte de Tijuana, la más cercana a la línea, la más frecuentada por los migrantes del centro y del sur del continente, que mantienen la esperanza, a veces abiertamente, a veces guardada como un secreto valioso, de algún día cruzar al otro lado de la frontera. Está un poco escondido por los microbuses estacionados enfrente, pero lo reconocerás por las palabras pronunciadas en voz alta, las risas fragorosas, las conversaciones gritadas y la música haitiana que sale de las bocinas.

Lakou Lakay es un pedacito de Haití en la punta más extrema de México, un recordatorio de que la distancia de casa duele, pero hay cosas que son un bálsamo para mitigar ese dolor. Una es la comida.

Cuando paso por la puerta lo que veo son unos brazos abiertos seguidos por una sonrisa amplia. Vivianne Petit-Frère me recibe en su pequeño restaurante con alegría y ese gesto antiguo y universal de bienvenida. Hoy vamos a preparar un arroz negro djon djon, pollo frito y ensalada de betabel. En Haití este platillo no puede faltar cuando hay algo que festejar.

—Fui a San Diego solamente para ti, para comprar los ingredientes que vamos a necesitar.

Nuestra cocinada será una fiesta.

Miro a mi alrededor, el local es pequeño, unas ocho minúsculas mesas redondas; la luz natural entra solo por el gran ventanal de la entrada, y la cocina, en el fondo, es algo oscura, no logra ser iluminada por el neón en forma de anillo colgado del techo; además, el verde de las paredes no ayuda.

Ahí trabajaremos, un espacio angosto, ollas amontonadas, platos sucios apilados, cuchillos e instrumentos de trabajo dispersos. Tampoco parece que el cuidado por la higiene sea la primera preocupación del lugar. Cada cocina es un mundo.

Vivianne vacía las bolsas del mandado en una mesa de acero ya repleta de objetos y me enseña los productos que fue a buscar al otro lado.

Me enseña los productos marca Goya, me dice que no es una marca haitiana, "pero hacen mucho dinero con los haitianos".

El paquete es de frijoles verdes biológicos.

—¿Es todo bio lo que usas para cocinar?

—Para vender no, pero para la comida de hoy sí. Ja, ja, ja, ja. Cuando vas a una fiesta en Haití tiene que estar todo lo que estamos cocinando.

Ser una mujer haitiana es saber cocinar, y cocinar rico. En Haití es mal visto que las mujeres no sepan cocinar.

—¿Tú en Haití ya cocinabas?

Antes de contestarme se pone a reír, ella sabe por qué.

—Sí —dice aún riendo—, pero no tenía un restaurante. Yo cocinaba para vender cuando las cosas no iban bien económicamente. Así era en Haití. No era un propósito como es ahorita.

Su acento haitiano es fuerte, pronuncia las "r" como "l" y a veces inventa palabras que no existen, como nos pasa a los migrantes. Pero su español es bastante claro, considerando que llegó a México en 2021, después de haber atravesado un buen tramo del continente de sur a norte, tras haber salido de Haití en 2019. Vivianne fue parte de la segunda ola de haitianos que dejaron la isla después del primer gran éxodo en 2016, y, como casi todos, viajó primero a Brasil, para luego emprender la travesía peligrosa e incierta de Colombia a Panamá.

Vivianne es hija única, y su mamá un día de 2019 llegó a la casa y le dijo: "Las cosas van a estar muy de la fregada en Haití. Estoy preocupada por ti, no quiero que te mueras acá".

—Entonces me mandó a Brasil. Y de Brasil caminé para llegar hasta aquí.

—¿Caminaste?

—Es un decir. No caminé, tomé autobús y todo esto, y me tardé cuatro días dentro del Darién. Muy difícil. Duro. No hay ninguna película que haya explicado eso. Ninguna película.

El Darién es el único camino que permite a migrantes indocumentados cruzar de Colombia a Panamá, el único puente en el que puedan esperar pasar desapercibidos. Es un camino trágico, el Darién, que para permitir el paso cobra una cuenta altísima de vidas.

Sus hijos los había dejado en Haití.

—¿Cuántos hijos tienes?

—Tengo dos, pero ya están aquí conmigo, y también traje a mi mamá.

—¿Cuántos años tienen tus hijos?

—Mi hijo tiene seis y mi hija 18, y ella tiene una bebé. Tengo 37 años y ya soy abuela, ¿lo puedes creer? Es que dejé a mi hija en Haití… y quedó embarazada. —Archiva el tema sacando una lata de la bolsa de plástico—. Se me olvidó enseñarte: leche de coco. En Haití quiebras el coco, lo rallas, se obtiene la leche. Pero ya tengo la leche acá. Esto va en el arroz. El arroz haitiano no se hace sin el coco.

Una vez, hace un par de años, fui con mi amigo Gustavo a buscar un barbero que me arreglara la barba en Tijuana. Me dijo que él siempre iba a cortarse el pelo con Michel, un haitiano que los fines de semana corta el pelo en la calle Baja California, en el tianguis de la Zona Norte. Es domingo por la mañana, noviembre, y nos vemos frente al santuario de la Virgen de Guadalupe. Gustavo me escribe que me está esperando en una taquería porque le dio un poco de hambre. Lo alcanzo mientras se acaba un par de tacos de pescado y nos adentramos en los callejones que se crean entre un puesto y otro, cubiertos por lonas de colores. Conforme nos vamos acercando al norte, más oscura se hace la piel de los vendedores. Este pedazo del mercado es haitiano.

En 2016 empezaron a llegar de manera masiva flujos de migrantes haitianos que intentaban alcanzar los Estados Unidos por tierra después del enésimo desastre provocado por el huracán Matthew, que, entre finales de septiembre y principios de octubre de ese año, causó un millar de muertos y cientos de miles de dispersos en el país caribeño.

En 2017 el Temporary Protected Status Program fue suspendido por el entonces presidente de los Estados Unidos, Donald Trump, debido a lo cual la distribución de visas se detuvo repentinamente. Así, los haitianos se encontraron trabados en Tijuana sin poder cruzar la frontera ni volver a Haití. Atrapados en una ciudad cyberpunk a casi 5 mil kilómetros de casa.

La línea se ve bien desde acá. Está a dos cuadras nada más. Se ve aquel color oxidado del muro metálico. Y detrás del muro está el *outlet* Las Américas, donde se puede comprar de todo a un precio muy barato. Pero antes se tiene que poder llegar, al otro lado.

Gustavo y yo nos vamos haciendo camino entre la gente. Gustavo es un afrocolombiano de casi dos metros con la cara de niño y los ojos sonrientes. Juntos conformamos una pareja extraña que suscita miradas curiosas entre los transeúntes.

—No entiendo por qué todos me confunden con un haitiano —me dice picado Gustavo.

—¿Será porque eres negro en un lugar lleno de haitianos?

—Me parece una actitud algo racista.

—Es verdad que se ven realmente muy pocos afrocolombianos por estos rumbos. La gente tiende a simplificar. Está lleno de haitianos, los haitianos son negros, tú eres negro, tú también eres haitiano. Y de todas formas los haitianos mismos te hablan en *créole*, te confunden con los haitianos ellos mismos, no solo los mexicanos.

—Según yo, se me ve que soy colombiano…

La conversación sigue con este tenor hasta que por fin llegamos con el barbero.

Aunque estemos sentados en una silla en medio de la calle, el puesto de Michel está bien decorado: un espejo rectangular colgado de una de las paredes, que en realidad son lonas impermeables de diferentes colores; una especie de alfombra en el piso, que cubre el asfalto; dos sillas giratorias para poder servir a dos clientes a la vez y todas las herramientas necesarias para un afeitado perfecto. A mi lado está sentado un jovial haitiano que me mira como si fuera un extraterrestre; es una extrañeza un cliente blanco. Michel me dice que los blancos no vienen seguido a cortarse la barba con él. Al contrario, Gustavo es un cliente asiduo. Cada fin de semana está aquí.

—Los mexicanos no entienden nuestro pelo. No lo saben cortar. Se necesitan haitianos o africanos para cortar bien mis erizos.

El corte de mi barba dura casi una hora. Cada fase del rasurado es cuidada hasta el más mínimo detalle, con todo tipo de herramientas: tijeras, diferentes modelos de maquinilla de afeitar, navaja. Me siento verdaderamente mimado.

Cuando el servicio se acaba, además de tener una barba impecable, sé algo más de lo que sabía antes de sentarme. Sé que Michel está aquí desde 2017, que ha intentado ponerse en lista de espera para recibir una visa como solicitante de asilo, pero que no ha logrado obtenerlo. Sé que tiene 28 años y que en Tijuana al final ha encontrado un lugar en el que se siente bien. No solo este saloncito ambulante en la calle Baja California, sino también en la comunidad haitiana de Tijuana.

—Claro que preferiría el otro lado, pero acá en el fondo se vive bien. Hay muchos haitianos.

A pocos pasos de la barbería, en efecto, una mujer con facciones voluptuosas está asando unas brochetas de pollo. Nos da tiempo de dar tres pasos y Gustavo y yo estamos sentados otra vez, ahora a una mesa rectangular cubierta por un mantel rojo de plástico duro.

—Aquí preparan unos patacones que son el fin del mundo, como los que se comen en mi pueblo —dice Gustavo preparándose para clavar los dientes en la carne de la brocheta gigante.

Patacones es como les dicen en Colombia. En Haití son plátanos fritos, que acompañan muchos platillos de la cocina criolla, del Caribe hasta Colombia, pasando por todo Centroamérica. El pollo es delicioso, sencillo, especiado y sabroso, y los patacones son irresistibles, dan ganas de comer toneladas.

La Zona Norte es un lugar de encuentro fundamental para una comunidad que a su pesar se ha quedado suspendida aquí. Asomarse a la línea es lo que más próximo al sueño americano queda al alcance de quien no puede pasar.

Alejandro Cossío, un amigo fotoperiodista tijuanense, me dio indicaciones para llegar a "Little Haiti". Ha sido bastante meticuloso, sin embargo, me pierdo en los caminos de terracería del Cañón del Alacrán. Es que no logro encontrar esa estructura construida por la Iglesia de la Divina Providencia, que por estos rumbos parece que todo el mundo conoce, pero que es imposible alcanzar. ¿Será que el mismísimo Dios quiere decirme algo? No creo. Más me aproximo a la meta, más las indicaciones resultan insensatas:

—Cuando llegas a la casa gris, tienes que seguir la curva hacia la derecha.

Las casas son todas grises, intento argumentar, perplejo. Y después de la curva la calle llena de baches se abre como abanico en una serie interminable de bifurcaciones. Agarro una, la que me parece la más parecida a la idea que me hice de las indicaciones, pero después de una larga vuelta me encuentro en el punto de partida. Por lo menos la peripecia me permite observar el barrio con atención.

Las construcciones abusivas amontonadas en las laderas rojizas del barranco se alternan a chozas de lámina, tablas de madera desparejadas y riachuelos negruzcos que corren entre los pies como culebritas líquidas que sin duda acabarán confluyendo en el Estige.

Hay gente que espera el camión, que no es más que una combi, con la mirada clavada en la pantalla luminosa de un celular. La gran parte de los perros de la zona holgazanean en la sombra de algún arbolito sarnoso o pasean en medio de la calle, imperturbables, aumentando el tráfico de por sí convulso.

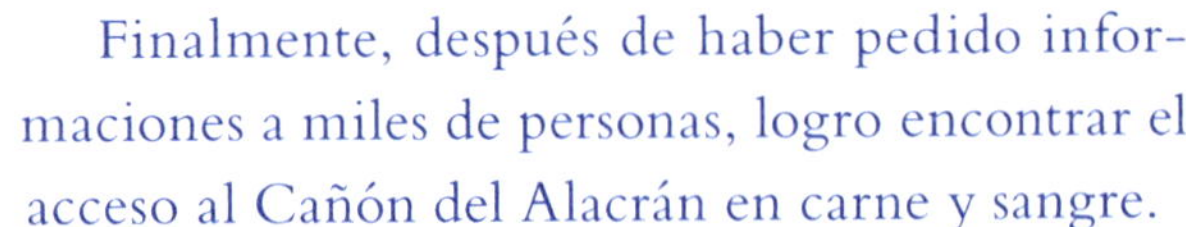

Finalmente, después de haber pedido informaciones a miles de personas, logro encontrar el acceso al Cañón del Alacrán en carne y sangre.

—Es para allá arriba —me dice una mujer con el aire de quien está obligada a contestar con una obviedad una pregunta tonta—. Tiene que seguir la carretera. Son máximo siete minutos.

La "carretera" es una subida de fango. Después de seis minutos y 43 segundos, durante los cuales tengo que vadear dos veces el mismo riachuelo negro, esquivar dos perros, dirigir un gesto de saludo a tres mujeres con varios hijos y a un viejo con la cara marchita, llego a mi destino. En la cima de un cerrito, enrocada en la ladera del cañón, sobresale una construcción imponente —considerando lo que la rodea—, blancuzca, poblada por decenas de personas en plena actividad. Es el Templo de la Divina Providencia, antes de que su nombre se cambie a Templo Embajadores de Jesús. Alabado sea Jesucristo.

Little Haiti no es un barrio de Tijuana habitado por haitianos, como podría ser Little Italy en Nueva York. Es una casa de hospedaje temporal para migrantes incrustada en medio de chozas en una zona remota en el sur de Playas de Tijuana.

Nidia, una mujer hondureña que lleva tres meses viviendo aquí junto con su marido y sus dos hijos, Melany y Cristopher, y que es parte del grupo de operadores de la Casa del Migrante, me enseña el lugar y cómo funciona.

—Todos los que entran son registrados. En el templo se registran en el sistema y aquí en los dormitorios tenemos un registro de papel.

El registro es necesario porque todos los que llegan aquí acaban en lista de espera para una cita con funcionarios migratorios estadounidenses como solicitantes de asilo político. Solo que la espera puede durar meses, y el Templo de la Divina Providencia es uno de los lugares en los que se puede esperar el turno sin vivir en la calle. No se paga por estar aquí, pero las reglas son férreas, y Nidia es una de los huéspedes del templo encargados de hacerlas respetar. En los espacios comunes, los baños, los dormitorios, imperan el orden y la limpieza. Siempre está alguien barriendo el piso o metiendo ropa en la lavadora. En tanto que platica conmigo y me enseña la estructura, Nidia da indicaciones a otros huéspedes sobre cómo arreglar las colchonetas, sobre el horario de la comida siguiente, sobre la limpieza del baño.

—Nada se mueve sin tu consentimiento. ¡Pareces nacida para mandar!

Nidia me mira simulando una mirada severa. Luego explota en una risa fragorosa.

—Sí. Aquí algunos me quieren, otros me temen —lo dice riendo fuerte— porque soy muy exigente. Lo que pasa es que lo que yo les exijo a ellos es lo que me exigen a mí. Entonces a fuerza tengo que ser un poco severa.

En la entrada de los dormitorios está colgado un pizarrón con las actividades que hay que desempeñar, los horarios de las comidas, de las visitas médicas y psicológicas y las reglas de convivencia. La primera y más importante es el cuidado del templo, de lunes a viernes. Luego, en orden decreciente: no maltratar a los niños y no pegarles, no llevar puesta ropa indecente, no fumar, no beber alcohol, no usar un lenguaje obsceno. Está prohibido a los jóvenes tener relaciones sentimentales o sexuales. Es obligatorio tender la cama, limpiar el piso, los baños y los espacios comunes. Finalmente, es obligatorio ayudar al pastor, Gustavo Banda, en las actividades que sean necesarias para la iglesia, como, por ejemplo, trabajos de albañilería, carpintería, plomería y todo lo que pueda servir a la construcción de la nueva ala del refugio que se está construyendo allá arriba, enfrente del templo, en otra ladera del barranco.

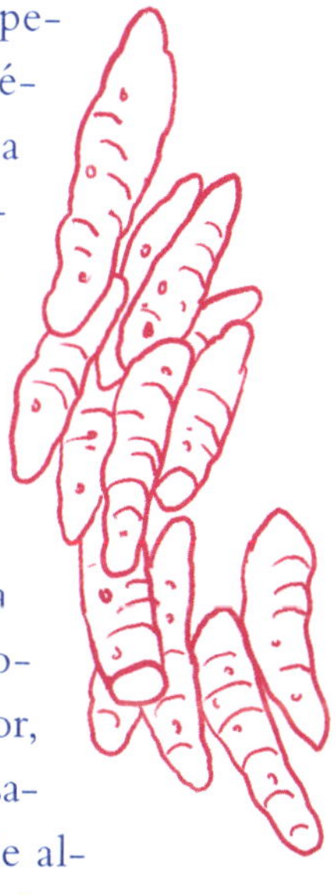

—Es enorme este lugar. ¿Cuánta gente vive aquí?

—Es variable. Ahora somos casi 900 personas, pero se llega a rebasar las mil.

Algunos llegan al templo, se registran y luego ya no se los ve. Para evitar esto, Nidia y los demás custodios revisan constantemente que el que se registre esté realmente viviendo aquí y participando en las actividades. Esto porque hay migrantes que se registran en el sistema solo para ser incluidos en las listas de la oficina de migración y recibir la llamada.

Ya llevo una hora aquí y todavía no he visto a ningún haitiano. En 2016 hubo una gran oleada de migrantes haitianos en Tijuana. Pero los haitianos son gente orgullosa, rebelde, acostumbrada a luchar. Así lucharon para obtener un lugar en el cual poder tener una cama donde dormir y algo de comer. Y fue creado Little Haiti.

Le pido a Nidia que me presente algún haitiano para poder entrevistarlo y ella me lleva al templo y me presenta a Nani.

Nani es una mujer haitiana de 40 años; está aquí con sus dos hijos, la mayor de 10 años y el menor de cuatro, y con el marido, que en este momento está trabajando como albañil en la construcción de la nueva cocina para el templo. Su español es bastante bueno y lo habla con desenvoltura, pero no lo aprendió aquí.

—Es porque soy de Belladère. Está en la frontera con República Dominicana.

Le han contado de la razón por la cual este lugar se llama Little Haiti y sabe que hay una suerte de respeto, que a veces se vuelve hostilidad, hacia los haitianos.

—Porque no nos dejamos pisar.

Nani y su familia ya están en la lista para el asilo político, pero el hecho de no saber por cuánto tiempo tendrán que quedarse en espera les resulta muy frustrante. Es un sentimiento común a todos los huéspedes de este centro, es verdad. Pero Nani es haitiana. Y los haitianos no suelen contentarse.

—Me decía Nidia que los tratan bastante bien…

—Entonceeees… no sé cómo decirlo… según yo no va tan bien.

Nani endereza la espalda, los brazos cruzados en el pecho y la mirada que va y viene de su hija, que juega a pocos metros, a mis ojos.

—Estamos agradecidos con el pastor que nos recibió, pero no como queríamos nosotros. Estoy a punto de cumplir cuatro meses aquí. No nos esperábamos que tardaran tanto en darnos el asilo, de todas maneras no es el tiempo el problema. Es la forma de vivir. Porque, aunque somos pobres, hay cosas a las que no podemos acostumbrarnos. Estamos acostumbrados a tener poco, pero no así. Por ejemplo, el baño donde nos lavamos todos, la cocina donde cocinamos todos... A veces a la hora de la comida no podemos ni comer. ¿Entiende?

Entiendo. Asiento. Ella me mira fijo. En silencio. Quiere asegurarse de que yo haya realmente entendido.

—Y luego los dormitorios. Son muy incómodos. Somos pobres, pero no es esta la forma. A veces te falta el respeto gente que ni te conoce. Además no sabemos cuánto tiempo vamos a tener que quedarnos aquí.

El albergue da hospedaje a otras 16 familias de haitianos en este momento, que viven en la parte superior de la estructura, un espacio dedicado solo a ellos. Hace pocos días hubo un aguacero y la zona se inundó por completo. Nani pasó la noche, junto con todos los demás habitantes del albergue, intentando sacar el agua de la cocina y de los dormitorios a cubetazos, limpiando y secando para permitir unas horas de sueño al menos a los niños. Dice que en Florida los esperan unos familiares haitianos emigrados hace años.

Se acerca Nidia, que ha regresado para acompañarme a la entrada. Mientras Nani hablaba me lanzaba miradas que yo interpreté como críticas. Ahora decidió intervenir.

—Bueno, podría ser peor, ¿no? Por lo menos tenemos algo.

Nani la mira con desdén y no contesta.

Vivianne pone un tupper grande, cuadrado, lleno de agua, a calentar en el horno de microondas, en un estante encima de la mesa de trabajo repleta de objetos. El temporizador marca cinco minutos. El agua servirá para rehidratar los hongos djon djon que le dan el nombre, el sabor y el color negro al arroz que estamos preparando. El hongo djon djon crece solo en el norte de Haití y no puede faltar en la cocina tradicional. Tampoco puede faltar en la mesa de los haitianos migrantes.

Un pedazo de isla, Hispaniola, ni siquiera una isla entera, sin embargo, Haití tiene un sinfín de unicidad. No me voy enterando ahora de que los haitianos son un pueblo especial: primer país de

América que abolió la esclavitud, primer país de América que logró la independencia de la colonia, primer país que se dio una constitución que, entre otras cosas, dice que todos los haitianos son negros.

Vivianne me está abriendo las puertas a uno de los secretos de la cocina haitiana, del sabor haitiano. Es una base marinada hecha de vegetales, se llama *épis haïtienne*.

—La magia de todos los platillos haitianos. La vamos a preparar mientras se calienta el agua.

Épis haïtienne (épis ayisyen):

Apio
Ajo
Cebolla
Cebollín
Perejil
Tomillo fresco
Zanahoria
Pimiento rojo, verde y amarillo

Para la preparación de la "especia haitiana" se juntan todos los ingredientes y se muelen, se dejan marinar y se guardan para luego agregar esa pasta espesa a cualquier preparación. La que hicimos es abundante; se guarda en una cubeta blanca que se suma a la montaña de objetos en la mesa de metal, para que esté al alcance de la cuchara.

El microondas chilla, Vivianne saca el tupper, pero tiene una grieta y el agua chorrea abundante, así que rápidamente la transvasa a otro contenedor tomado de un montón.

—Eso también es parte de mi cultura.

—¿Qué cosa?

—No tirar las cosas rotas. No se puede. O sea, se puede, pero… nos cuesta trabajo.

Después de quitarles las patas más gruesas a los honguitos secos, los ponemos a remojar y empezamos con la cebolla para el arroz. Me toca a mí picarla.

Vivianne tiene una libreta desde que salió de Haití. En ella escribe sus pensamientos, sus deseos y las metas que quiere alcanzar. Una de ellas era abrir un restaurante. En octubre de 2022, un año después de llegar a México, Vivianne abrió el Lakou Lakay. También trabaja en la organización Haitian Bridge Alliance, que da asistencia a los haitianos en la frontera. Vivianne orienta, da informaciones, traduce, representa a sus compatriotas y hace de mediadora cultural.

A Joseph lo conoció en Tijuana en 2021, era su chofer, que la llevaba de un lado a otro para darles asistencia a los haitianos. El padre de sus hijos había llegado con ella, pero se fue a los Estados Unidos.

—Él no creyó en mí. No creía que yo pudiera llegar a ser la mujer que soy ahora. Y mírame, ¿quién tenía la razón? Yo fui quien mandó a 14 mil haitianos a los Estados Unidos.

—¿Cómo que mandaste a 14 mil haitianos a los Estados Unidos?

Vivianne durante dos años fue la persona encargada de inscribir a los haitianos en la lista para pedir asilo político.

—Yo fui la mera mera de la lista de espera para los Estados Unidos durante dos años —dice con orgullo y con esa risa potente que llena de pronto la pequeña cocina.

Por su labor en 2024 ganó el Premio Alma Migrante, del Mulvaney Center de la Universidad de San Diego.

—Cuéntame del premio que te dieron.

—Ah, es por ser activista.

—Eres una autoridad aquí.

—Todavía no.

Me corrijo.

—Vas a ser una autoridad.

—Sí, voy a serlo. Lo digo muy en serio.

—Se ve. ¿Qué planes tienes?

—Ahorita necesito tener un lugar para atender a los haitianos, para hacer documentos, asesoría, acompañamiento para la integración. Y, segundo, necesito un restaurante muy lujoso. Aquí está bien, pero hay gente que no va a venir porque parece cosa barata.

—¿Cuánto tiempo vas a necesitar?

—Ya tengo todo planeado, pero me falta el dinero. Yo digo que falta un año. Podría ser antes. En este momento las cosas son inciertas porque los haitianos son detenidos en el sur de México, en Tapachula, en política de contención. La política de contención me está cortando las alas.

—Pero hay muchos haitianos ya en Tijuana, ¿no?

—La población que está aquí es una población que ya no quiere ir a Estados Unidos. Llevan ya nueve años aquí, entonces, si tienen casa, no van a cocinar cada día, pero tampoco van al restaurante muy seguido. Los clientes fijos no vienen todos los días. Van a venir a festejar un día, pero el cliente que está de paso normalmente no tiene casa, tiene que comer, así que soy la opción. Necesito que haya tránsito. Si la gente va y viene es bueno para mí.

—Pero ¿no tienes también clientes que no son haitianos?

—Hay días que solamente vendo a los mexicanos que me conocen, pero me falta todavía el espacio lujoso y el marketing para que la gente lo sepa.

Aceite, una cucharada de marinada de vegetales, la base de la cocina haitiana, manteca, cuando fríe se pone la cebolla, luego el frijol verde. Así empieza la preparación del arroz.

Mientras tanto en el restaurante se han juntado Joseph con tres amigos haitianos y hablan fuerte, beben, platican y desayunan plátano hervido con arenga. Cada tanto interviene Vivianne desde la cocina, siempre en voz alta, y comenta lo que dicen los hombres.

—Esto que ves es típico haitiano.

Se refiere a los hombres sentados platicando y comiendo mientras una mujer los sirve. Pero ella no se comporta como las demás mujeres haitianas, que suelen hablar en voz baja, suelen ser tímidas y reservadas.

—Yo no. No soy así. Mi mamá me regaña siempre, soy el borrego negro de la familia. Será porque nací fuera de Haití.

Su pueblo, Fonds-des-Nègres, está en el sur de Haití, pero Vivianne no nació allá, sino en San Martín, otra isla del Caribe dividida entre Francia y Holanda. Su mamá se fue de Fonds-des-Nègres a San Martín, embarazada, en 1987, después del fin del gobierno del segundo Duvalier, Jean-Claude. Se refugió en otra isla de los Caribes y Vivianne nació allá. Fue solo en 1992 cuando regresaron a Haití.

—No recuerdo San Martín, era una vida difícil la que hacíamos. Apenas una amiga me dijo el otro día: "Tienes que regresar, visitar, para ver cómo es". Veremos si voy. Ahora de turista... No pongas mucha sal porque hay que esperar hasta el final para ver si se necesita o no.

Ha vuelto una vez a Haití desde que está en México, en julio de 2024. Pero no tiene un lugar a donde ir, su pueblo es territorio perdido, ocupado por las pandillas.

—Hay muchos recursos naturales en Haití, entonces para que los Estados Unidos los puedan robar necesitan un país inestable. No podemos pensar. Si tienes problemas de hambre, de luz, no puedes pensar en defender los recursos.

Cobalto, oro, petróleo. Una anguila chiquitita que no hay en ningún otro lugar. Es una anguila particular, que en Haití llaman *zangi*, que se vende a miles de dólares a los gringos o a los chinos.

—Cuarenta años de problemas de hambre, de luz, de trabajo, de todo. Muchos intelectuales haitianos se han ido en estos años. O los que tuvieron dinero para hacerlo. Ya no hay intelectuales, no hay pueblos, no hay nadie. Pero tampoco en Estados Unidos se organizan, ahora preocupados con las deportaciones. Entonces en Haití no pueden pensar, fuera de Haití no pueden pensar; mientras tanto, ellos están robando.

Le pregunto si le gusta Tijuana.

—Está bien, no estoy en mi casa, pero me había cansado de la represión del Estado.

Ahora Vivianne tiene residencia permanente, puede cruzar la frontera cuando quiere, si le hace falta algún ingrediente. Pero no le interesa vivir del otro lado.

—Sí, antes yo hubiera vendido mis dos brazos para vivir en Estados Unidos, hasta que entendí que todo es una trampa. Pero hoy no. Yo no quiero, no gracias.

Lava un pequeño buqué de hierbas aromáticas y lo mete delicadamente en la olla con los frijoles verdes.

—Cuando empecé a trabajar con la organización me di cuenta de que Estados Unidos es una trampa, que lo que hacen allá es hacerte trabajar como bestia y explotarte. Y en Estados Unidos no hubiera logrado todo esto —indica el restaurante, el premio colgado de la pared—, y estoy cursando sexto semestre de Trabajo Social en la UABC.

En Estados Unidos no hubiera hecho nada de lo que ha hecho en México.

Añade crema al caldito del arroz. Me pide que clave siete clavos enteros en el pimiento rojo para que no se dispersen en el arroz. Ya huele muy rico. Agregamos ajo en polvo, cebolla en polvo. Agregamos el pimiento clavado.

A veces los haitianos que llegan a Tijuana llevan ingredientes. Agrandan las filas de una comunidad que ya supera los 10 mil individuos.

Vivianne abre la bolsita de la pimienta con los dientes. Ve que la miro.

—Yo abro las cosas así, con los dientes. Soy una persona que vive su vida entera, sin miedos, sin dogmas. No creo en nada de esto. No creo en el dios de los católicos. Ja, ja, ja, no tengo dogmas.

Agregamos pimienta negra al caldito del arroz, agregamos clavo molido.

Agregamos la leche de coco.

En cuanto cruzas la frontera, dejas a tus espaldas Tijuana y pones un pie en California, el paisaje cambia de manera drástica, parece todo más soleado. No tiene sentido, porque Tijuana, que *podría* significar "junto al mar", según la etimología que hace derivar el nombre del kumeyaay "Tiwan", está verdaderamente pegada a San Ysidro, avanzada de San Diego. Sin embargo, es así. Aunque sea el mismo que acaricia a San Diego, en Tijuana el sol ilumina un mundo diferente, hecho de caos, de desarrollo urbanístico insensato, de inarmonía y fealdad.

Cada lugar cambia dependiendo de dónde se lo mira. Así que decidí atravesar la línea y ver qué aspecto tiene Tijuana si se la observa desde San Diego.

Y lo primero que pasa, mientras me sumerjo en el tráfico de la interestatal número 5 a bordo de un Chevrolet eléctrico, es que tengo la sensación de que Tijuana no existe más. Debo hacer un esfuerzo de concentración para recordar que detrás de mí, todavía a unos pocos metros, está el caos de Tijuana. Se me ocurre también que en las películas de Hollywood, en cuanto se cruza la frontera con México, se aplica un filtro sepia, como si México fuera un lugar polvoriento y amarillo. Bueno, no será exactamente así, pero es verdad que los ojos descansan un poco y se empieza a ver un poco de verde aquí y allá.

El Chevrolet eléctrico es de mi amiga Alva Méndez, mexicana de Tijuana que hace 20 años se mudó a California, pero sigue conectada con su ciudad y su país. Me acompaña porque quisiera conocer a

un amigo suyo, el maestro José Lobo, un pintor mexicano que desde hace 40 años vive aquí y observa a Tijuana desde San Diego.

Una vez superado un primer momento de embobamiento, nos dirigimos a casa del maestro Lobo, un departamento muy modesto de University Heights, barrio residencial histórico de la ciudad (hay una piedra en la banqueta justo fuera de la casita de José Lobo que dice "fundado en 1889") en el que vive gente de clase media baja trabajadora, como afirma el mismo maestro Lobo después de invitarme a tomar asiento en su suavísimo sillón, en el cual me hundo.

El maestro Lobo, además de pintar, ama tomar fotos a la gente en la calle y a todos los letreros que encuentra de un entramado de culturas ya típico en California. Quiere llevarme a dar una vuelta y mostrarme algunos lugares que considera significativos de su exploración.

La primera parada es el templo camboyano Wat Sovannkiri, a un lado de University Avenue. Es un edificio de estilo budista, como lo imaginaría en el más obvio de los clichés: ángeles alados colores pastel y demonios espantosos que fungen de cariátides al techo a dos aguas oriental, en medio de construcciones bajas y color beige típicas de esta zona de California. No hay gran actividad en el templo el día de hoy, entonces nos limitamos a pasear. José Lobo es entusiasta del hecho de que en San Diego los migrantes puedan convivir y mezclarse generando nuevas formas de pertenencia.

A dos calles del templo budista, en el cruce entre University Avenue y la 50th Street, entramos en la pequeña casa roja, siempre de arquitectura oriental, con el techo a dos aguas, de la Chinese Friendship Association, donde dos ancianas señoras están hablando entre sí en chino y no se preocupan en lo más mínimo de nuestra presencia. En el interior de la sede de la asociación abundan estatuitas de las que me parecen deidades enfurecidas y muebles laqueados de rojo. De las paredes cuelgan muchísimos papelitos llenos de ideogramas. Son lugares familiares para el maestro Lobo, puntos de una geografía cotidiana de un migrante de muchos años en busca de un sentido en medio de otros migrantes. Le pregunto cómo él ve a Tijuana desde acá. Me contesta de manera parca.

—Durante 15 años fui a trabajar cada día a Tijuana. De ida todo el tráfico estaba en el carril opuesto, y el mío estaba vacío. De vuelta, en la noche, lo mismo.

Vivió 15 años en contraflujo.

Esto es todo. Hoy en su vida modesta Tijuana no está presente. Sus márgenes se han restringido. Son los fragmentos de un San Diego que cambia de aspecto todos los días, dependiendo de cómo su población migrante se vaya asentando.

Una de las dos mujeres chinas se levanta repentinamente y viene hacia mí, con paso firme. Me toma la mano y empieza a observarla. Me habla en un inglés chino, que me resulta completamente incomprensible. Yo me siento algo intimidado por esta señora diminuta con una voz decidida que lee mi futuro. Asiento a cada una de sus afirmaciones. Seguramente me está diciendo algo imprescindible, esencial, sobre mi vida. Yo finjo entender y sonrío. Agradezco. Salimos.

A pocos metros de la entrada, con su gran estatua blanca que imagino representa a Confucio, hay un grupito de hombres africanos. No hay mujeres, solo una docena de hombres, etíopes, me explica el maestro Lobo, que se ven en esta esquina de la calle cada día. Y gritan y juegan dominó o cartas, sentados en unos taburetes improvisados. Esta esquina es ya Etiopía.

Mas es el *downtown* el lugar que José Lobo quiere enseñarme.

—Quiero que veas con tus ojos —dice— el lado cruel de esta sociedad.

Retomamos el auto y llegamos al entramado ordenado de calles, paralelas, perpendiculares, del centro de San Diego. Cada metro está tapizado de tiendas de campaña de las miles de personas que viven en la calle.

Estacionamos el auto y, justo a un lado de nosotros, en el piso, una pareja de enamorados está acostada en la banqueta bajo dos paraguas negros abiertos entre dos tiendas. Ven videos en un celular, se abrazan, ríen. Como si estuvieran en la playa. Mientras los miro escucho acercarse la voz sedosa de Frank Sinatra, que canta "Fly me to the moon, let me play among the stars, let me see what spring is like on Jupiter and Mars...". Volteo hacia el lado opuesto de la banqueta. Se acerca un tipo que, por su aspecto, su tez, sus rasgos somáticos, parece latinoamericano. Camina seguro de sí, con el torso desnudo, con un *skate longboard* negro en la mano y una bocina gigante en el hombro. Es de ahí de donde sale la voz amplificada de Sinatra.

También los dos amantes voltean hacia él. Luego se miran, sonríen, se abrazan.

En la esquina entre 14th Street e Imperial Avenue, Francisco, Frank y Manuel se han hecho viejos en un idioma que no es el suyo.

—*We got old.*

Los tres son mexicanos, los tres han rebasado los 50 y los tres son gays.

En Ciudad Obregón, en Sonora, donde nació y vivía Frank, no era fácil ser gay en los años sesenta.

—En la esquina de mi casa se prostituían unos travestis. De vez en cuando llegaban grupos de vecinos y les daban una paliza. Me asustaba mucho. También por eso me vine de este lado.

Frank lleva 50 años viviendo en California. Hoy tiene 73, tiene un departamento a pocos metros de esta esquina, recibe una pensión que le alcanza para sobrevivir. A diferencia de Francisco y Manuel, Frank obtuvo la ciudadanía, gracias a la ayuda de su marido, fallecido hace algunos años. Pero pasa sus días sentado aquí en esta banca, con sus amigos.

Francisco es un artesano originario de Puebla, tiene el pelo chino y unos bigotes negros; hace anillos y objetos de bambú entretejido. Lleva 30 años sin ir a México porque en los Estados Unidos no tiene papeles, entonces, si saliera, no podría volver fácilmente.

Comparte sus cigarros con un joven gringo blanco de unos 30 años que no habla una sola palabra de español, lleva puestos unos lentes de sol y vive en la calle con Francisco.

Manuel no habla mucho. Después de una media hora de mi llegada, se levanta de la banquita en la que están sentados y desaparece.

Unos minutos después Frank me hace notar que está abrazado a un arbolito a pocos metros de nosotros, bajo el efecto del fentanilo.

—Estoy con ellos también para evitar que se metan droga, ¿sabes? Viví en la calle tres años y también me drogaba. Solo que está lleno de *dealers* aquí y no les gusta que yo me meta con sus negocios. ¡Manuel, no dejes el árbol porque si no se cae! Te lo encargo, detenlo.

Estamos a dos cuadras del Petco Park, el estadio en el que juegan los Padres, el equipo de beisbol de San Diego. Cuando hay partido la policía desaloja toda la zona, corre a los *homeless*, hace que quiten las tiendas de campaña de las banquetas, de modo que se despeje el horizonte del barrio a pocos pasos de la bahía. Luego, acabado el partido, las tiendas de campaña y los *homeless* vuelven a poblar las calles.

Estos son los derrotados de un sistema en el que, como dice Frank, no puedes permitirte ser frágil.

Y finalmente reaparece Tijuana. Siempre ha estado presente, pero ahora es visible. Tijuana es la ciudad que cada mañana vomita la mano de obra de San Diego, que recibe cada noche a sus hijos cansados de sus propios sueños. Tijuana es el lugar al que es imposible volver. Es el otro lado sin el cual este país sería impensable.

San Diego hace todo para fingir que Tijuana no existe. Pero Tijuana no necesita su reconocimiento.

Finalmente es el momento de poner el arroz a cocer en la olla que ya llena el aire de un aroma delicioso. El olfato goza, pero el oído también, porque desde la bocina suena la voz armoniosa de Julio Iglesias, que llena el pequeño restaurante y cubre dulcemente las voces de los hombres sentados, que poco a poco salen a la calle.

—Es un dios ese señor. Yo creo más en él que en el dios cristiano. Canta muy bien. Llega al alma.

—¿Qué le dirías a Julio Iglesias si entrara ahora por la puerta?

—Uy, ¡¡me voy a desmayar!! No sé qué le diría. Lo invitaría a comer. Ja, ja, ja. Lo amo mucho, desde chiquita lo escucho. Su acento español cuando habla francés me mata, sí. También me gusta Aznavour... Para marinar el pollo vamos a poner la base, mayonesa, especias, mostaza, limón.

Vivianne planta la cuchara en medio del arroz. Si se queda parada, está bien. Sobra agua, así que le quitamos un poco.

—Es la manera haitiana de medir.

Una vez marinado, el pollo se pone en una olla con un poco de aceite y la base de especias, sin agua. Sacará su propio jugo.

La hija de Vivianne trabaja como mesera en un restaurante en la avenida Revolución.

—Estudiaba, pero la castigué cuando llegó de Haití embarazada, y la mandé a trabajar.

Trabajar para pagarse los gastos y no depender de su mamá. Pero el castigo se acabará pronto. Ahora que la nieta ya camina va a volver a la escuela. La bebé no estaba planeada, pero la planificación es enemiga de los haitianos.

—Es muy haitiano nunca planear nada.

Lo dice riendo, como algo inevitable que para Vivianne es causa de muchos problemas, pero que también tiene cierta gracia.

—También los mexicanos son un poco así. ¡Mira! ¡Ya casi está el arroz!

Destapa la olla y una vez que se va el vapor se ve el arroz cocido. Con la cuchara hace un hoyo en medio del arroz.

—Se hace un hoyo ahora y se deja estufar 10 minutos más.

—¿Por qué el hoyo?

—¡No sé! Mi mamá lo hacía, mi abuela también. Yo lo hago. Así se hace. Debe de haber una razón... Este es mi amor, Charles Aznavour.

Suena *Comme ils disent* y la voz cálida de Aznavour nos envuelve como terciopelo.

Lo conoció en Haití, donde la cultura francesa ha sido muy fuerte. No le gusta la influencia que tienen los Estados Unidos, la cultura de la violencia, el mal gusto.

—Los franceses son malos, pero tienen estilo. Los americanos, no. Ambos son malos, pero los americanos tienen mal gusto. Ja, ja, ja.

Las notas de *La bohème* de Aznavour a todo volumen salen de una bocina conectada a una pantalla que se puede ver desde todas las mesas del pequeño restaurante; inundan el aire y subrayan las palabras de Vivianne de forma muy teatral, algo dramática. No hay clientes, salvo un migrante haitiano en la puerta que se queda a escuchar la música.

—Eres una mujer romántica.

Vivian se ríe fuerte.

—No sé qué soy. A veces. Ja, ja, ja. Ser haitiano es un poquito de cada cosa. Un poquito de amor, un poquito de disgusto, un poquito de locura, un poquito de bondad, un poquito de maldad, un poquito de caos... pero no responde a un patrón.

Le pregunto si se siente mal a veces. Me da el ejemplo de algo que pasó justo la semana pasada. Estaba harta de un haitiano que cada vez que pasaba por el barrio entraba al restaurante solo para ir al baño. Después de muchas veces de haberle avisado que el baño era para los clientes, lo recibió con un cuchillo de cocina en la mano.

—Le dije que si usaba otra vez el baño iba a usar el cuchillo —dice riendo como loca—. No soy mala, pero, si me buscan, me van a encontrar. Le dije: "Soy tan mala como tú".

El hombre no volvió a entrar.

Me pasa un pequeño mortero de madera con su mazo. Lo tengo que llenar de pollo hervido para hacer la salsa de la pasta. Vivianne se arrodilla en el piso y empieza a machacar con fuerza.

—Así —me dice—, en el suelo, así se hace en Haití.

Entonces me arrodillo también y reduzco el pollo a una pulpa a la que se agregará mayonesa y especias. Vivianne me pregunta si en Italia la pasta la hacemos también así. No voy a empezar una discusión sobre cómo se cocina o se condimenta la pasta en Italia, ni voy a decir que no hay ni una sola pasta en mi país que lleve pollo.

—Estoy fingiendo que esto no es para la pasta. Es otra cosa.

Vivianne se ríe.

Poco a poco vuelven los amigos de Joseph. Uno de ellos viene hacia nosotros desde la puerta. Vivianne, en voz baja, riendo, me dice:

—Este es un amigo loco perdido.

Es alto, imponente, su piel particularmente negra; tiene unas rastas atadas encima de la cabeza con un listón rojo, barba espesa y eriza tipo Fidel Castro, anillos y collares de plata gruesos, pulseras, una camiseta con fantasía de tigre roja y negra y una bufanda de los Xolos de Tijuana al cuello. En tres pasos está al borde de la cocina y adelanta una sonrisa alegre. Se presenta:

—Mucho gusto, Robert el Peligroso. Soy de Culiacán, Sinaloa. Soy peligroso.

Y suelta una carcajada potente.

En Haití la mayoría de los hombres no saben cocinar. Cuando salen del país a veces aprenden, pero en general esperan que las mujeres les preparen. Así, Joseph, que a cada rato se mete a la cocina a observar y opinar, según el testimonio de Vivianne, solo sabe hervir el agua. Sigue trabajando de chofer, pero también hace negocios: compra y vende carros, lleva gente al aeropuerto y, cuando le va mal, trabaja como chofer de Uber.

Le pregunto a Vivianne cómo le hacen los haitianos para no morir de angustia sin planificar y viviendo la vida al día.

—El haitiano se refugia en la iglesia para no planificar su vida. Dios verá cómo resolver un problema, y, si no se resuelve, es porque no era la voluntad de Dios. Para mí es una mentira que te impide crecer.

Solo falta freír el pollo y los plátanos en aceite. Vivianne intenta dar una forma a los tostones con un exprimidor de limón después de la primera pasada en aceite, para que pueda volver a freírlos y queden como platitos para meter la ensalada de betabel.

Han vuelto los amigos de Joseph y se ha armado otra conversación ruidosa. La música ha cambiado, ya no canta Aznavour, sino cantantes haitianos de éxito.

Gritan fuerte, ríen, discuten. Vivianne siente la necesidad de tranquilizarme.

—No están peleando, no te preocupes.

—No me preocupo, soy italiano, también hablamos muy fuerte.

—Mi mamá dice que en Haití somos todos locos, pero que hay locos suaves y locos desbordados. Si uno no está loco, no es haitiano.

Me pregunto si esta locura está bien recibida en una ciudad como Tijuana. Le pregunto a Vivianne cómo percibe que tratan a los haitianos aquí.

—Siento que hay un poco más de amor que hacia los demás migrantes. —Hace una pausa—. Por trabajar. ¡Por ser sus esclavos! Nos dicen: "Son buenos trabajadores". No somos buenas personas, somos buenos trabajadores. Ja, ja, ja.

Siempre hay gente que busca comida y ella la regala, pero no cuando se la exigen. Lo mismo pasa con los policías, que suelen pedirles dinero a los haitianos. Pero Vivianne no se deja.

—Yo siempre peleando, no le doy nada a la policía. No vienen conmigo porque saben que estoy con las personas de derechos humanos y les da miedo.

Además, tiene una señalización en la puerta para que los policías sepan que aquí no tienen que extorsionar, sino proteger.

Vivianne empezó a buscar historias de haitianas exitosas en redes sociales y se dijo a sí misma que si hacer dinero no era un mito, ella iba a hacer dinero. Se dio cinco años, escribió sus proyectos en su libreta y empezó a trabajar. Su primera libreta, que ya se acabó, la que empezó en 2019 al salir de Haití, la tiene guardada en su casa. Alcanzó todas sus metas.

—La primera meta era comprar lo que quisiera sin mirar el precio.

Le dolía mucho querer comprar algo para sus niños y que no le alcanzara. Pañales o leche: siempre era una u otra cosa, aunque necesitara las dos. Ahora puede comprar lo que quiera sin tener que mirar el precio.

—Ya lo logré todo. Ahora falta lo que te dije que quiero realizar en dos años… A ver, prueba el arroz, ya debe de estar.

Me da un platito y lo pruebo. Está delicioso.

—¿Ves cómo tiene que quedar el arroz? Libre e independiente.

—¡Como tú!

Ríe fuerte.

—Sí, ¡como yo!

Por fin la comida está lista. Se puede emplatar. El aspecto es bonito, colorado, armónico. El arroz tiene un sabor fuerte, que une la frescura de las verduras con la intensidad de los hongos y las especias. El pollo frito es perfecto, como el tostón que contiene la ensalada de betabel. Intento comer primero la pasta porque es mi menos favorita, pero, en el conjunto, el platillo es completo, abundante, satisfactorio.

Vivianne come junto a mí en la mesita más cerca de la puerta de entrada y me enseña en Facebook en su celular las fotos del perfil de su facultad, en la UABC. En la foto de perfil de la Escuela de Trabajo Social de Tijuana, hay un grupo de nueve estudiantes sentados en el pasto sosteniendo dos enormes letras azules: una "T" y una "S". Vivianne está sentada justo en medio y es la única negra del grupo. Sonríe, rodeada por sus compañeras y un compañero.

—Cuando tienen que mostrar que ellos cuidan de la diversidad, siempre me ponen a mí —dice riendo Vivianne—. Soy la cara de la diversidad.

—¿Y te va bien ser la cara de la diversidad?

—¡Sí, le hace publicidad a mi restaurante!

Los amigos de Joseph me invitan a tomar un trago con ellos, pero insisten para que yo lo pague.

Por fin el plato está servido. La tarde acaba platicando con los amigos de Joseph, tomando whisky barato y hablando de cualquier cosa.

Informalmente representa a la comunidad haitiana en Tijuana, aunque no tiene ningún cargo formal.

El nombre del restaurante, Lakou Lakay, significa "el patio de mi casa".

—Porque en Haití no pasamos tiempo en la casa, en el patio hacemos todo. Es como un sitio de encuentro, todo el mundo pasa por ahí, se detiene, pasa el tiempo. El haitiano se siente a gusto en el patio. Hacemos fiestas, tenemos el ambiente de Haití.

Y sí, recuerdo este aspecto de Haití y también de Santiago de Cuba: la vida en el espacio externo de las casas.

En mis viajes a Haití he notado algo que siempre he confirmado cuando he conocido migrantes haitianos: no importa la situación de dificultad, de pobreza, de desastre, siempre intentan estar peinados, arreglados, vestidos con cuidado. Le comento esto a Vivianne y le pregunto si es una impresión mía o tiene algo de verdad.

—¡Es cierto! Es muy cierto, nos importa mucho el aspecto físico, la ropa, estar lavados y vernos bien. ¿Te digo lo que dice siempre mi mamá? Ella dice: "¡No puedes ser negro y sucio!".

No acaba de decirlo y ya está muerta de la risa frente a mi cara de sorpresa.

—¿Por qué? —le contesto ahogado en la hilaridad.

—Porque ya te ven mal como negro, y sucio además, pues no, es inaceptable.

Un ataque de risa nos hunde en las sillas.

—La comida haitiana es cuatro civilizaciones juntas: arahuacos, tenemos chiles en la cocina; luego fuimos colonizados por los españoles, de ahí tenemos las cosas con el puerco, el chicharrón, la sangre, la panza; luego fuimos colonizados por los franceses, de ahí tenemos el pescado, el pan y cierta manera de cocinar; y luego fuimos deportados de África, llegamos con nuestra gastronomía africana. Los esclavos venían de toda África, pero la mayoría salieron de la Guinea, de la Costa de Marfil y de Nigeria. Hay cosas que hago en el pilón, machucar en el mortero, eso viene de los arahuacos. Ya viene un set que tú lo haces, pero no sabes por qué. Pero siempre viene de un pasado. Para mí esta mezcla es lo que le da la riqueza a la cocina.

Intermezzo: Risotto con huitlacoche y pecorino

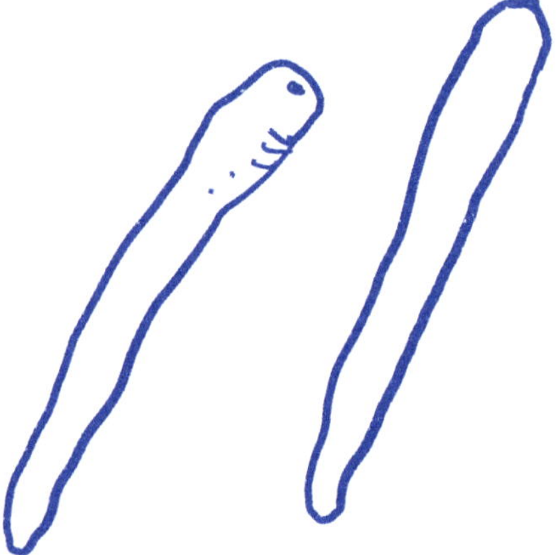

En la vida, como en la cocina, hay reglas y prohibiciones. Me interesa entender el origen y el sentido de las reglas, sé que a veces es necesario romperlas. Pero no pienso que las reglas se tengan que infringir por principio; ya no. Para mí es necesario que la infracción tenga sentido y así mantenga su potencia disruptiva.

Es cierto que las reglas que atribuimos a la tradición nos dan la ilusión de venir de un pasado sagrado, un pasado mejor, en el cual, en algún momento, un sabio más sabio que nosotros planteó tradiciones que hoy nos definen y nos devuelven sentido. Pero las tradiciones se inventan con intención, nos lo explicaron Eric Hobsbawm y Terence Ranger en su estudio sobre la invención de la tradición.

Aun así, nos aferramos a la tradición porque nos da coordenadas en la deriva de nuestra vida, nos ofrece asideros identitarios que nos dan la ilusión de pertenencia, de sentido.

Pasa con la cocina italiana, creación reciente de una larga tradición, invención cambiante que insiste en ser contada como una roca inamovible.

Leonardo da Vinci, personaje que hace orgulloso a cualquier italiano, preparaba testículos de cordero con miel y nata,[1] o crestas de gallo con migas;[2] sin embargo, sus recetas no son parte de la cocina italiana contemporánea.

Las reglas cambian, en los años noventa la famosa pasta a la carbonara se preparaba con tocino, y hoy en Italia es considerado una blasfemia no usar *guanciale* (cachete ahumado de cerdo) en su lugar.

También cambia la percepción que tenemos sobre lo permitido y lo prohibido, sobre la tradición y la identidad. Pero a la vez, aun sabiendo todo esto, es difícil no adherirse a una tradición, aunque sepamos que es inventada. Nos da puntos de referencia, certezas, en un mundo incierto y precario.

La eterna duda que nos atañe: ¿hay que innovar o hay que salvaguardar la tradición?

¿Por qué sería necesario innovar si no me gusta el cambio? Innovar porque hay que innovar es algo estúpido. Es la idea de que el progreso es bueno tan solo porque acaba con el pasado y lo viejo.

[1] "Tomad los testículos de un cordero, despojadlos de sus pieles externas y dejadlos para que se empapen en agua fría durante algunas horas. Luego cortadlos o ralladlos en finas rebanadas, sazonadlos con sal y pimienta [...] y cocinadlos en mantequilla hasta el momento en que al tocarlos los halléis blandos. Dejadlos luego que enfríen, y, cuando lo estén, verteréis un poco de nata y miel caliente sobre ellos y los serviréis".

[2] "Aseguraos de elegir un gallo grande, mayor de doce años de edad, y de que su cabeza levante al menos 60 centímetros del suelo, antes de quitarle la cresta. Debéis recordar siempre que hay que arrancar la piel exterior y después apretarla repetidas veces para escurrir toda la sangre antes de que lo pongáis en el agua hirviente junto a doce semillas de cilantro y el zumo de medio limón".

Y ese fanatismo por el progreso en sí nunca me ha convencido. Pensar que la época en la que vivimos es el ápice del avance de la humanidad me deprime tanto que no quiero ni pensarlo. Me parece vivir en la era de la imbecilidad.

Por otra parte, ¿qué sentido tiene mantener de manera rígida una tradición? He intentado muchas veces darme una respuesta y he llegado a pensar que la tradición nos da la ilusión de tener un sentido. Pero ¿lo tenemos realmente? ¿O es nada más el ritual en sí lo que genera el sentido? O, peor aún, ¿el ritual no es más que una ilusión de sentido?

La tradición ayuda a construir una identidad, pero a la vez es una ilusión, un sueño colectivo cambiante, porque sabemos que las tradiciones se inventan y cambian todo el tiempo, como la memoria.

Entonces no habría problema en abrazar el cambio, porque a su vez ese cambio algún día se consolidará y se volverá tradición, hasta que llegue otro cambio a sustituirlo.

Creo que el secreto para no equivocarse, como siempre, está en la ejecución y en el tiempo de cocción. No forzar la mano, tener paciencia, no tener prisa de llevar a cabo un cambio radical, porque, si no, no será aceptado.

En mi intento de conciliar tradiciones más o menos antiguas de la cocina italiana con el gusto mexicano, exploré variaciones de un platillo del norte de Italia: el risotto. Después de años llegué a una receta personal que me resulta satisfactoria: el risotto con huitlacoche.

Me vienen a la mente la infinidad de cocineros, chefs, creadores de contenido que inundan las redes sociales, su actitud, y me deprimo. Veo sujetos que le hablan a un teléfono, con una

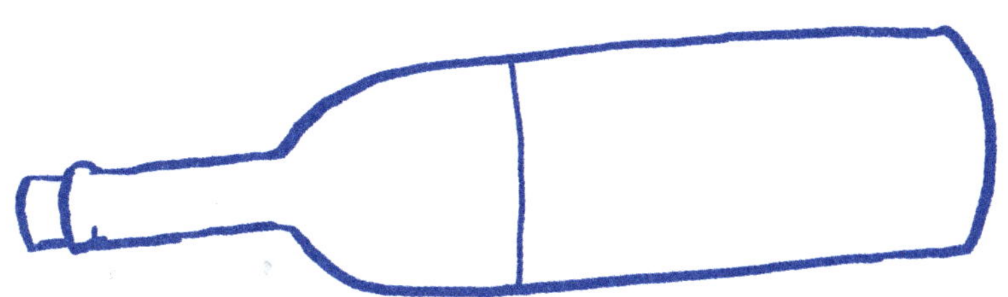

iluminación producida por un aro de luz, solos, que intentan ser atractivos, puros, creativos, innovadores, simpáticos, viejos que se hacen los chistosos para hacerse pasar por jóvenes, que adoptan muletillas, que repiten lemas que los identifiquen en el *scrolling* que otorga unos cuantos segundos a cada receta.

Existen ejércitos de hombres y mujeres adultos que realmente raspan con un cuchillo la superficie de un alimento recién cocinado frente a un celular y a un aro de luz, solos en su casa, y pronuncian las palabras *¡super crunchy!*

Es penosa esta obsesión con la comida; se vuelve un objeto insensato: sin sentido.

Así, la cocina se convierte en moda, estatus, juego.

En las redes la gente prueba sus propios platillos y simula orgasmos; sola en su cocina, en su sala, en su cuarto, prepara y traga, traga, traga, y hace caras de satisfacción, de delicia, de sorpresa. Autorreferenciales, narcisistas que evalúan sus platillos en el solipsismo de un *live* en Instagram. ¿Quién está probando su platillo? Pero, sobre todo, ¿para quién están cocinando?

Este platillo lo inventé porque me parece la expresión de un encuentro de culturas, la mexicana y la italiana. Si tales cosas, la cultura mexicana y la cultura italiana, existieran. Me gusta pensar en la cocina como algo que permite crear puentes. Así, después de más de 25 años dialogando con México, perfeccioné el risotto con huitlacoche y pecorino.

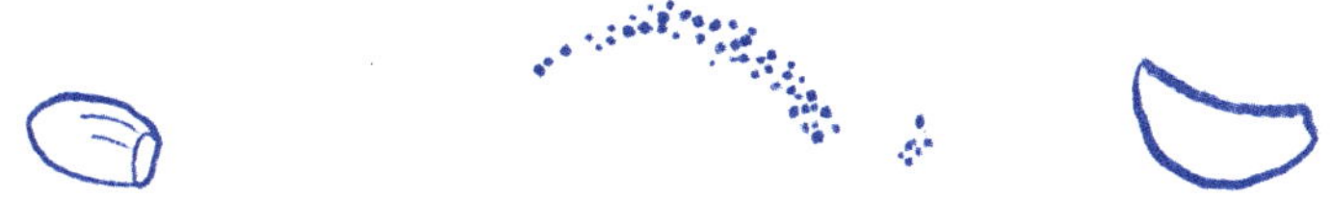

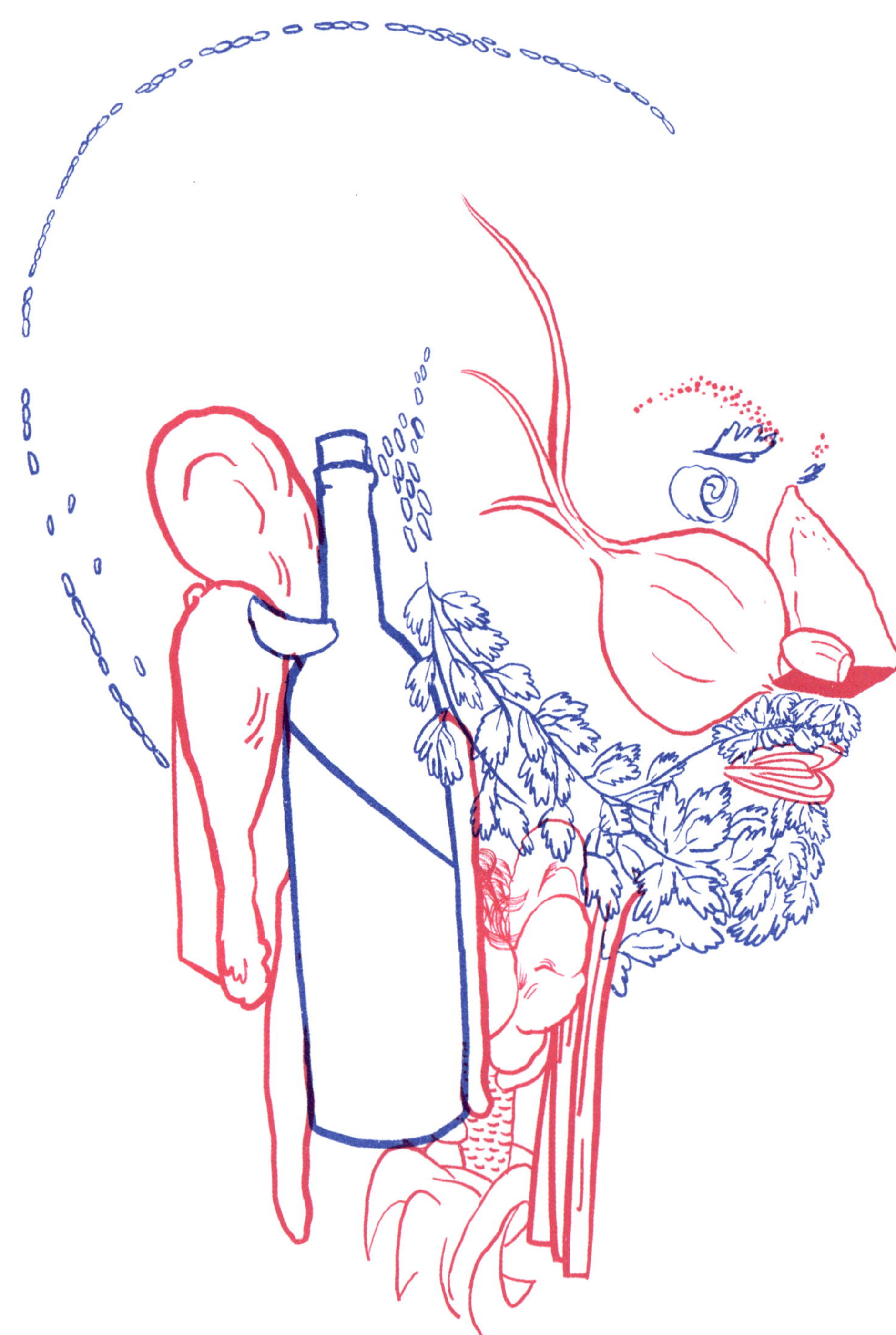

Ingredientes para 4 personas

10 puñados de arroz italiano, de tipo arborio o carnaroli
300 g de huitlacoche fresco
½ cebolla
½ vaso de vino blanco
Aceite de oliva extra virgen
Sal
Pimienta
Cilantro
1 trocito de mantequilla
Nuez moscada
200 g de queso pecorino
Caldo de pollo

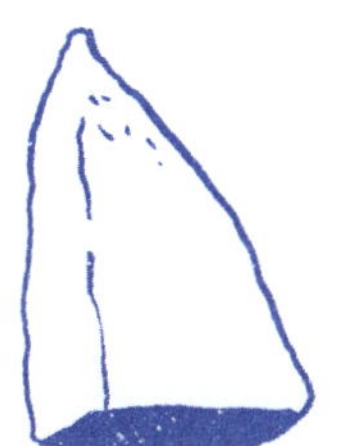

Como todo risotto, se empieza con un poco de aceite en una olla o en una sartén. Se pica media cebolla y se deja acitronar lentamente. A un lado de la olla se pone a calentar caldo de pollo o, en ausencia de este, se puede usar un cubo sazonador. Cuando la cebolla está acitronada, se le agrega el huitlacoche y se aumenta el fuego. Se ajusta de sal. Cuando está casi cocido el huitlacoche, se desglasa con el vino blanco, se deja evaporar el alcohol y, una vez evaporado, se agrega el arroz a fuego vivo y se deja tostar un par de minutos, removiéndolo un poco con una cuchara de madera. Una vez tostado el arroz, se va agregando un cucharón de caldo y se mezcla suavemente hasta que todo el líquido se haya absorbido. Y se repite este último paso. Y se repite. Y se repite.

Ahí está el secreto del risotto. Se tiene que mover constantemente con la cuchara de madera y dejar que el arroz absorba el líquido lentamente: así va soltando el almidón.

Con paciencia se llega al final, unos 20 minutos después. Cuando el arroz está casi al dente, se muele un poco de pimienta negra, se ralla un poquito de nuez moscada y se apaga el fuego.

Fuera del fuego se agrega un poco de mantequilla y un puñado abundante de pecorino rallado. Se revuelve con decisión y se tapa unos cinco minutos.

Mientras tanto se puede platicar con los amigos, tomar una copa de vino, picar finamente el cilantro.

Se lleva a la mesa la olla, se sirven los platos y se decoran con un poco de cilantro picado. Al gusto se puede agregar un poquito de chile serrano fresco (sin exagerar).

La cocina es también una forma de seducción. Es un servicio que puede generar placer. Es una seducción afectuosa que expresa el cuidado, que dice "me estoy encargando de ti", "no te preocupes", "no estás solo".

V. Caldo de acamayas

Sierra Madre, Guerrero

> Car je ne puis trouver parmi ces pâles roses
> une fleur qui ressemble à mon rouge idéal.
>
> Charles Baudelaire,
> "L'idéal", *Les fleurs du mal*

Ingredientes para 6 personas

2 kg de acamayas (langostinos de río)

10 jitomates

7 dientes de ajo

½ cebolla

1 puño de comino

Aceite

Sal

3 chiles serranos

1 manojo de epazote

Agua

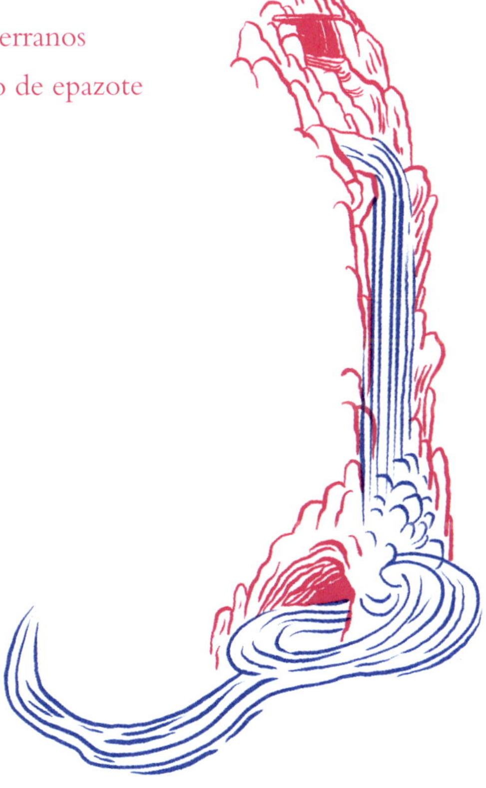

Jamás he vuelto a naufragar en esa belleza frágil y maldita. Una caricia suave de morado, de blanco, de mi rojo ideal. La flor maldita no tiene la culpa de su hermosura, pero demasiada belleza es insoportable, porque dios, que, como todos saben, es un ser mezquino, vengativo e infantil, envidia la felicidad del hombre. Así se explica su castigo. Nos regala la belleza y la acompaña de dolor y muerte.

Lo vi. Lo sentí fuerte, un día de enero lleno de sol, rodeado de flores rojas y blancas con morado y rosadas. Lo entendí viendo las cicatrices sangrantes de sus bulbos redondos.

He escuchado llamar la amapola flor maldita, y su sangre, la goma de opio, el oro maldito de Guerrero.

La belleza es insoportable y su costo demasiado alto.

La primera vez que llegué ahí fue de manera casual. Y me quedé aterrado por la belleza de la sierra de Guerrero, una belleza francamente exagerada. Será por su belleza que la sierra está prohibida a la mayoría de nosotros.

No es fácil llegar aquí. Con un coche salí de la capital del estado y viajé cuatro horas de subida, en un panorama que se va ampliando en cuanto se asciende. Tuve que pasar por cinco retenes de hombres fuertemente armados. De ellos, el primer retén es del Ejército y se encuentra en la entrada de Xochipala, lugar conocido en el ambiente de las empresas mineras, dado que aquí es donde la compañía canadiense Oroco Resource Corp tiene una mina de oro que será explotada a lo

largo de las próximas décadas. En los demás retenes los hombres que me preguntaron a dónde iba, llevaban pañuelos que cubrían su rostro, empuñaban armas largas y hablaban por *walkie-talkie*, me dijeron: "Pasa, buen viaje".

Debe pasarse por un pueblo que tiene un nombre delicioso: "Verde Rico", y pues sí es así.

Y cuando por fin estás ahí y se abre frente a tus ojos la inmensidad de la Sierra Madre, si miras con atención, entenderás que tanta belleza no puede ser gratis.

Huele fuerte la amapola. Un olor intenso, agradable, algo amargo, que invade al aire y se mezcla con lo dulce y penetrante de la marihuana. Es como si la amapola llevara en sí la amargura de un destino doloroso en un envoltorio de belleza.

Los bulbos ya están casi todos cortados, salvo algunos todavía intactos. Se ve que los trabajadores que cosecharon la goma no los vieron. Son esferas verdes, perfectamente redondas, con un copete circular que parece una corona.

Con unas navajitas afiladísimas, se hace un tajo al bulbo para que vaya colando su líquido blanco, que se recolecta inmediatamente en minúsculos frascos, porque al contacto con el aire se seca rápidamente y se vuelve una resina color café.

Es importante no tocarse o tallarse los ojos o la nariz cuando se trabaja la amapola, porque duele mucho.

Corto con una navaja el bulbo verde y pruebo su sangre blanca. Es muy amarga. Quizás el sabor más amargo que haya probado. Y la amargura dura varios minutos, hasta dejar un retrogusto no desagradable a planta salvaje.

Me acompaña en el campo una joven mujer. Su padre lleva más de cuatro décadas cultivando amapola y marihuana en este lugar. Ella ha aprendido, al igual que sus hermanos, y es capaz de criar estas plantas, entender sus necesidades. Conoce sus secretos y domina el arte del cultivo.

Sonríe bajo la pequeña sombra que produce la visera de su gorra y acaricia suavemente, con la punta de los dedos, los pétalos delicados de las flores a su paso por el plantío.

Hubo una época en la que toda esta sierra estaba cubierta de plantíos de amapola y de marihuana. En este periodo del año habría visto extensiones de verde esmeralda hasta donde alcanzara la vista. Al llegar habría cruzado decenas de trocas que iban y venían, cargadas de peones, de carne, de cerveza, de productos para las plantas.

Era tanta la amapola que las abejas silvestres producían abundante miel curativa con el polen de sus flores. Una miel que se encontraba en las colmenas naturales por la sierra y tenía un efecto relajante, lenitivo. Las madres y las abuelas la usaban para curar de manera natural.

No fue hace mucho. Esa época inició en los años setenta, cuando algunas familias empezaron a cultivar amapola durante el auge de la heroína, y acabó apenas hace unos cinco años, cuando el fentanilo y los opioides químicos fueron reemplazando los derivados de la adormidera.

Entre las consecuencias de la difusión masiva del fentanilo en el mercado de la droga, está, sin duda, la pérdida de una miel natural de amapola y marihuana.

Hubo una época en la que la goma de la flor maldita se vendía a 50 mil pesos por kilo. Toda la sierra vivía en la abundancia. Si me concentro, puedo sentir el olor de la carne a la parrilla, que no se compraba por kilo, sino por res entera; puedo escuchar la música de la fiesta y los ríos de cerveza y mezcal que regaban los tacos de carne y alteraban los ánimos hasta provocar confrontaciones, duelos, tiroteos; puedo percibir el ruido de las balas, que volaban perdidas por la sierra, y el rechinar de las llantas en los caminos polvorientos, empinados.

Pero el costo fue la condenación.

—¿Cuántas hectáreas de amapola cultiva tu familia? —le pregunto a la Hija en medio del pequeño campo, rodeado de flores blancas, moradas, rosadas, cuyos pétalos se mueven con delicadeza.

Ella me habla mientras camina delante de mí, cuidando de no pisar ninguna planta e indicándome el camino.

—La verdad es que muy poquito, ni siquiera una hectárea. Más que nada, mi familia la sigue cultivando porque ya es de hace muchos años. Incluso ha mencionado mi papá que es para no perder la costumbre del cultivo. Porque por lo mismo de que ya no hay mercado la pagan muy barata, pues por eso ya no siembran mucho, solo es poquito para mantener la semilla.

Dice que hoy a duras penas llega a los cuatro o cinco pesos el gramo. Ya no es negocio para nadie.

—Por eso últimamente la gente dejó de cultivar, porque hay que contratar personas para trabajar y a la hora que está la cosecha y vas a venderla, no tienes ganancias más que para pagar a las personas los gastos, mano de obra, productos y así. Por eso la mayoría de los productores ya dejaron de cultivar.

Una vez que las flores van perdiendo sus pétalos, se puede sacar el látex. Por ejemplo, esa flor morada ahí, en un par de días, estará lista para la ralladura. Otra flor que trae cortes todavía tiene un poquito de látex, no la vieron, y se secó un poco, tiene un color bruno. Las navajitas tienen que ser muy filosas porque, si no, no cortan bien el bulbo y no sale el líquido blanco tan precioso. Se tiene que cortar en la parte más externa, no penetrar demasiado. La herramienta de esta minúscula cirugía campestre son dos navajitas que van unidas, pegadas a un pedacito de madera rectangular de unos cinco centímetros, que cabe en la palma de una mano y funciona como mango. Por eso se ven dos cortes paralelos, como bigotitos de gato.

—Cuando apenas está saliendo, cuando está recién rallada, es blanca y va cambiando a un color marroncito. Ahorita, como ya lleva más días aquí, pues se hizo negra.

—Cuando se vende, ¿es de este color?

—Exacto, sí. Ya que se completó su maduración, vienes otra vez al campo, la cortas acá y recolectas la semilla para hacer el plantío de la siguiente cosecha.

—Una vez que la goma se recolecta, ¿qué se hace?

—Después de que salió todo, se recolecta en botecitos, y ya de ahí la guardan hasta que llegue algún comprador, que llega acá.

—¿Cuántas cosechas se hacen al año?

—Más que nada depende de si hay agua cerca. Necesita mucha agua. Los que en su terreno tienen mucha agua, pues continúan y continúan su cultivo.

—¿Aquí en la sierra es un buen lugar para cultivar?

—En algunos lugares que son muy fríos o llueve mucho, la goma, el opio, no tiene la misma consistencia que acá, sino que allá es muy líquida. Este es un clima muy bueno porque se prestan las condiciones. No es líquida, sino que se mantiene pegada. En lugares muy húmedos, si al momento de que las rallas, está escurriendo la goma muy líquida, no está bien.

—Eres muy experta.

—Un poco. Es que sí, como mi familia siempre la ha cultivado, igual que la marihuana, yo fui aprendiendo desde pequeña. La amapola no me tocó trabajarla mucho, porque mi papá normalmente la cultivaba con mis hermanos o primos, más que nada los hombres, pero sí, sé al respecto.

La Hija es experta en el cultivo de adormidera, pero sobre todo de marihuana. Estuvo viviendo un tiempo en la Ciudad de México; luego regresó a la sierra, pero la volvieron a solicitar allá.

—¿Qué haces cuando te solicitan?

De inmediato pienso en Mr. Wolf de la película *Pulp Fiction*, de Quentin Tarantino, interpretado por Harvey Keitel. Cuando lo llaman es para resolver problemas.

—Cultivo de marihuana, pero en interior, en cuartos cerrados, donde tú controlas las horas de luz, la humedad, ventilación y todo eso.

—¿Hacen hachís también?

—Sí.

—¿Y está bueno?

—No sé, yo no lo he consumido. Nunca lo he consumido. Muchos me dicen: "¿Y qué tal tu cosecha? ¿Cómo está?". No, pues, les digo: "Pues no sé". O sea, siempre he tenido cosechas muy muy bonitas, pero nunca como tal la he probado.

—Una carnicera vegana, podríamos decir.

—Ah, sí. ¡Exacto! Ja, ja, ja.

—¿Y nunca se te antojó o quisiste probar?

—No. Más que nada por la edad. Las personas con las que estaba trabajando sí han sido personas responsables. Principalmente el señor con el que estuve trabajando primero me decía que no, me explicaba, me informaba bien y fue cuando tenía todavía 19 años. Me decía: "Aún estás muy joven, no hay prisa para que la consumas".

Su papá cultiva amapola y marihuana desde hace más de 40 años; su hermano mayor hoy es el que más marihuana produce en la familia.

—¿Tu familia tampoco? ¿Nadie? ¿Ni tus hermanos?

—Mi hermano el mayor de vez en cuando la fuma.

—¿Tu papá no? ¿Nunca ha fumado?

—Sí, cuando estuvo lo del covid, se sintió mal y se puso a fumar. Pero fue en dos ocasiones que llegó a fumar un poquito.

Son gente de rancho, de la sierra. Sus valores son tradicionales. Le pregunto si tienen algún tipo de prejuicio con el uso de la mota, si consideran que está mal fumarla.

Le pregunto si tienen algún tipo de prejuicio con el uso de la mota, si consideran que esté mal fumarla.

La Hija sonríe.

—No. Está bien.

Luego voltea hacia el campo.

—Mira qué bonitas. Hay diferentes colores de la flor. Están las blancas, las moradas, las rojas con morado…

—Son muy bonitas. ¿Cuáles son tus favoritas?

—Las blancas con morado —sonríe dulcemente. Cuando habla de sus flores se siente su amor—. Y es que hay diseños. Mira. Está la roja con estas tiritas, y está la morada con estas tiritas también. Son muy frágiles. Son bellas. También estas moradas se me hacen muy bonitas.

La subida hasta su casa fue ardua. Casi una hora bajo el sol, pisando esta tierra porosa, las piedras afiladas, cargando 100 kilos en cada paso. La Hija dice que a veces, cuando hay que llevarles comida a los trabajadores, se llega a subir y bajar hasta tres o cuatro veces al día. Nos recibe el aroma penetrante y dulce de la marihuana que la Madre está limpiando en la sombra frente a la puerta de su habitación. Quita las hojas secas, las semillas, y deja el ramo ligeramente pegajoso de polen. Cada ramita que limpia la amontona a la derecha de la silla con delicadeza. Parece que no está aquí, su mirada seria se pierde en la inmensidad de la sierra que se abre a su izquierda. Quién sabe en qué está pensando. Con nuestra llegada se levanta, esboza la que interpreto como una sonrisa y nos precede en la cocina.

En teoría debería volver a Chilpancingo, me esperan casi seis horas de bajada, pero la Madre ha preparado algo de comer y, siendo yo italiano, estoy consciente de la importancia de una madre que invita a comer. No puedo decir que no.

Lo que saca la Madre de la olla me deja sin palabras. Caldo de acamayas, langostinos de río.

Los langostinos de río son de mis bichos favoritos. Mañosos a la hora de descarnar, capaces de herirte la boca en el intento de chupar toda la carnita que tienen. Pero el riesgo vale la pena, por ese sabor intenso, potente. Y el caldo de la Madre es una delicia, con el justo picor, un caldo cristalino, sabroso, con muchas acamayas y tortillas recién hechas a mano en el comal con maíz de su campo. Me quedo callado durante toda la comida. La Madre me pregunta si quiero más. Repetiré tres veces.

Después de comer le pregunto si puedo volver para cocinar con ella para incluir la receta en mi libro, me ha gustado demasiado. Me mira sospechosa, no sabe si hablo en serio.

—Sí. Pero me enseñas a preparar la pizza.

—Trato hecho, señora.

Pizza será.

Dos meses después estoy viajando con Iazua Larios, que me acompaña de fotógrafa, en una combi que sale de Chilpancingo rumbo a la sierra de Guerrero, otra vez. Me esperan el Padre, la Hija y el Hijo en la última parada de la combi en La Ciénega. Falta una media hora de camino en su troca y el atardecer incendia la sierra hasta que la oscuridad de noche se come todas las montañas y nos deja un manto de estrellas.

Cuando me ve atravesar en la penumbra el patio de su casa, la Madre me saluda con una sonrisa y cierta sorpresa. Creo que no se esperaba que volviera realmente a cocinar. Los Hijos me han dejado su habitación. Encima de la cajonera han dejado joyas, billetes, objetos de valor. Pero a nadie se le ocurre que un invitado pueda siquiera pensar en robarse algo. Los valores del rancho. Frente a mi cama está colgada una carabina Ruger calibre 22, a un lado de unas gorritas de beisbol, unas bufandas, unas bolsas. No sé si esto me da tranquilidad o me inquieta. Además, no sé disparar. La voz de la sierra mece mis pensamientos hasta que se funden con los filamentos de los sueños.

El día empieza temprano. Fuera de la habitación la Madre prendió el molino del maíz, que estuvo remojando con la cal toda la noche. Se necesita una buena cantidad de tortillas para el desayuno.

Las ventanas de la cocina, una pequeña construcción en la ladera del monte, se abren de par en par a la magnificencia y la profundísima quietud de la sierra de Guerrero. Es más que belleza lo que agarra potente el estómago y quita el aliento, es la inmensidad de los espacios, que redimensionan lo humano y me hunden en mis pensamientos que evocan lo eterno.

¿Es posible acostumbrarse al infinito sin cambiar para siempre?

La Madre, la Hija y yo empezamos a preparar el caldo de acamayas.

Primero se calienta el aceite en una olla grande, en un pequeño fogón a un lado del gran comal rectangular, hecho de dos placas espesas de metal soldadas en el lado largo. Tres jitomates se van al aceite a sofreír con la cebolla; los otros siete se van a moler para el caldillo junto con un cuarto de cebolla, siete dientes de ajo y los tres chiles verdes.

Frente a la cocina hace pininos un pollito que dice "pío pío", de una forma tan limpia y exacta que me deja patidifuso. Es el primer pollito que escucho en la vida que hable así. Volteo a ver a la Hija, que se ríe.

—Tenemos más, y todos dicen "pío pío" —me presume jovial.

—No se distraigan —interviene la Madre—, ahora le vamos a poner comino.

Agrega un puñito de comino al jitomate molido.

—Oye, ¿y qué se necesita para hacer la pizza? —pregunta la Hija, como siguiendo su propio discurso conmigo.

—Ah, pues depende de cómo te gusta a ti.

—Me gusta con chorizo, con chile... —Calla un momento y piensa—. Me gusta la hawaiana con piña...

Sabía que llegaría este momento. El dramático momento en el que se expresa el gusto por una de las grandes prohibiciones de la cocina italiana, la pizza con piña.

Me quedo en silencio esperando que mi expresión de desdén sea suficiente para desincentivar a la Hija de seguir hablando sobre ese punto. La Hija es extremadamente inteligente, lo entiende todo de volada, y rápido, con una sonrisa en los labios, cambia de tema.

—Mira, aquí están los langostinos. Ayer cuando los compré se movían. Ya les quité la cabeza a todos.

Ya que está cocido el jitomate se le vierte la salsa de jitomate, ajo, cebolla, chile, comino y un poco de agua. Se agrega más agua y se deja en el fuego hasta que hierve. En cuanto comience a hervir se agrega un manojito de epazote. Justo después se pone el langostino, que de color café va a volverse rojizo con el calor.

Se ajusta de sal durante la cocción y, si uno quiere, se puede agregar un cubito de Knorr Suiza.

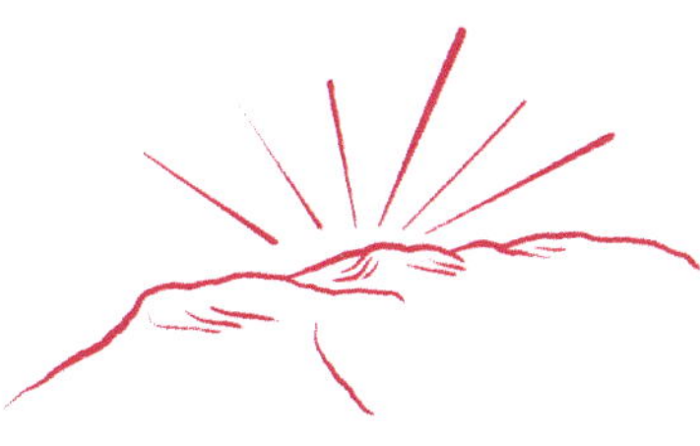

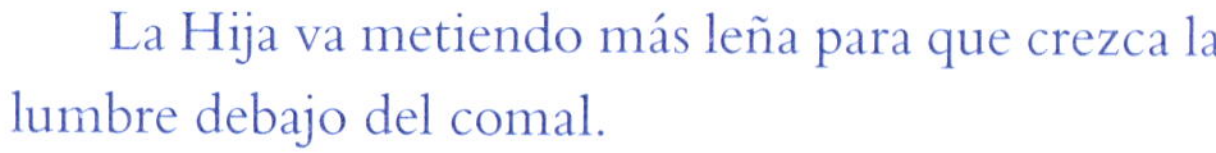

La Hija va metiendo más leña para que crezca la lumbre debajo del comal.

Me cuenta que durante los meses en la Ciudad de México, había ascendido rápidamente de puesto gracias a sus capacidades y conocimientos; se había vuelto la coordinadora de los demás trabajadores, que no digirieron la idea de recibir órdenes de una muchachita de 20 años. Algunos colegas, molestos, empezaron a tratarla de forma grosera, agresiva. Alguien llegó incluso a robarle unas cadenitas de plata que tenía guardadas en su cuarto. Harta de la envidia decidió regresar a su tierra.

—Deberías poner tu propia producción —le digo instintivamente atascándome la boca con una tortilla caliente que acabo de robar del comal.

—Es lo que quiero hacer aquí en Tlacotepec ahora que entre en la universidad. El detalle es encontrar una casa que se preste para eso.

—¿Cómo debe ser?

—Tiene que estar bien sellada, los cuartos, para meter el CO_2, acomodar los termómetros de temperatura, la luz, todo eso.

—¿Tiene que ser muy grande?

—Si quieres cultivos grandes sí, y si no puede ser un cuartito como este —dibuja una idea de circulito con la mano en la cocina en la que estamos—. Las personas con las que estuve trabajando me preguntaron que si las quería de socios para hacer algún invernadero en campo abierto.

El invernadero en campo abierto sale más barato porque no hay que pagar la renta, la luz, el agua, gastos inevitables en un departamento.

Mientras el caldo se cocina, la Hija y yo empezamos a preparar la masa para la pizza, dado que tendrá que reposar unas horas.

—Tenemos que apurarnos —me dice amasando con enorme habilidad— porque después del desayuno quiero llevarte a conocer las grutas. A ver si mi papá nos da permiso.

Nuestro desayuno, sentados en la cocina asomada al barranco, son las soberbias acamayas en un caldo delicioso. El cascarón de los bichos es coriáceo, pero el sabor que te espera cuando logras vencer la dureza de su defensa apremia por el esfuerzo. Se me llena la boca de la intensidad de la carne suave, sápida y aromática. El caldo tiene un punto de picor que calienta la punta de las orejas y hace que aumente la sudoración y las lágrimas que suelto no entiendo si se deben al goce o al chile. Saco las tortillas hechas a mano por la Hija de una gran calabaza seca que mantiene perfectamente el calor y las devoro con un placer quizás excesivo: todos los ojos miran divertidos al güero comelón. Me sirvo tres veces sin pudor. Este caldo es una delicia y vale cualquier dificultad para llegar hasta aquí.

Además, la Madre saca un requesón recién hecho por un ganadero amigo de familia y es un goce limpiar la boca de mariscos con ese sabor fresco y delicado. Podría seguir comiendo durante horas, pero tenemos que salir para una nueva aventura.

El plan es ir con la camioneta del Padre, que nos dio permiso, a conocer unas grutas en el corazón de la montaña, por las cuales corren kilómetros de ríos subterráneos.

Es muy difícil llegar a esta zona, pues se requiere el permiso de los grupos armados que controlan este territorio. Así que sospecho que estas grutas las conoce solo la gente del lugar.

Llevamos agua, shorts y ropa limpia, porque habrá que meternos en el lodo.

El Hijo nos espera frente a la camioneta y, al salir de la casa, cuando me acerco, tengo la sensación de tener enfrente a un narco. Porque está disfrazado de narco.

Pantalones de mezclilla, botas tácticas, una playera de manga larga adherente color verde militar, mimética, una bufanda elástica verde militar, un sombrerito mimético verde militar, lentes de sol, una carabina. La puerta del auto está abierta y de ella salen las palabras de *Señor Miedo*, del grupo Fuerza Regida, a todo lo que dan las pobres bocinas.

Es la encarnación del estereotipo del narcotraficante. En un primer momento me da un escalofrío. Ver a un tipo así me hace pensar en que hay que preocuparse. Luego baja la bufanda y se abre en una carcajada. Los bigotes apenas se asoman como pelusa de adolescente. Tiene 17 años. Entonces ahora veo un muchacho que intenta imitar no solo lo que lo rodea, sino la mitología del narcotraficante, el sujeto que en esta zona es el que en apariencia tiene poder, respeto, dinero y éxito, claro, al costo de una vida precaria inmersa en la violencia. La presencia constante de los narcocorridos taladra los oídos y ayuda a construir esa imagen, a educar. No es realmente un relato de lo que es, sino la construcción de lo que la industria imagina que debe ser el mundo marginal de los traficantes.

En este punto recuerdo las palabras del Padre anoche, cuando decía que no quiere que sus hijos se mezclen con *la maña.* Aquí se convive con los armados, se hacen negocios, se va a las mismas fiestas, se puede tomar juntos y convivir.

—Pero no somos lo mismo.

Parece un sofismo, una distinción demasiado sutil la que plantea un hombre que en los últimos 40 años ha producido marihuana y amapola. Pero no lo es. La diferencia es sustancial. Aquí el pueblo está armado y se sabe defender, pero no está compuesto de matones, sino de agricultores, ganaderos, campesinos.

Todo esto se me ocurre al ver al Hijo, que me invita a subir en la parte trasera de la troca, para que pueda admirar el paisaje. Me agarro firme de los tubos de metal porque ayer por no asegurarme me lastimé la cadera con un golpe improviso. El camino es accidentado.

Así subo con Iazua y la Hija; nos alcanzan también dos de sus perros y nos lanzamos por los caminos polvorientos de la sierra.

Saliendo del pueblo noto una camioneta de lujo gris, una pickup. Parece abandonada.

—Esa es de los armados —me dice la Hija—. La maña la dejó ahí hace unos meses. Nadie la toca.

Dejamos el auto en una curva, en medio de la sierra. Empieza la bajada hacia un plantío de marihuana de la familia. Hay tres trabajadores descansando a la sombra de un árbol.

El campo lo acaba de quemar el Ejército hace unos 20 días. Funciona así: primero los militares sobrevuelan la zona en helicóptero.

Identifican el campo que van a visitar, luego llegan, cortan las plantitas de marihuana, las queman y se van.

Pero los cultivadores tienen de antemano la información de cuándo van a venir los soldados de antemano y cuando llegan los militares no los encuentran trabajando.

—Siempre nos avisan un día antes —me dice uno de los hombres en el campo—. A nosotros nos avisaron un día antes que venían para acá.

—¿Cómo sabían?

—Conectes... ¡Ja, ja, ja!

—Van a volver, entonces.

—En algún momento.

La producción de este campo está perdida, pero entra dentro del riesgo calculado. Se siembra y se aprovecha que no vienen los soldados. Y luego, cuando vienen a quemar el campo se pierde esa cosecha. Es un riesgo calculado.

Esta vez faltaban pocos días para la cosecha. Ahora se va a tardar un par de meses más para la siguiente.

A veces llegan hasta 300 soldados, ponen su campamento, pero no siempre son igual de severos. Si llega algún comandante buena onda se puede platicar con él y con lo que decida que se le pague se suspende el operativo. Hace cuatro años llegaron a la casa. El comandante que venía a cargo de todo el pelotón le dijo que venía recomendado con el Padre. Le preguntó si tenía planta, en ese entonces era amapola. El Padre dijo que sí. También le dijo al comandante: "Si la van a cortar de una vez que sepan por mí dónde está". El comandante le contestó: "No, no se preocupe, tenemos la orden de dejarle la planta". Que nada más le diera algo pa los refrescos y la comida. El Padre no les dio dinero, pero varias veces los invitó a comer a la casa, querían mojarra. Así el Padre les compró mojarras y las fueron a comer a la casa. Después pasaba el helicóptero y veían desde ahí arriba que los soldados estaban instalados, pero que los cultivos seguían intactos, así que llegaron más helicópteros a fumigar. Entonces el Padre le dijo al comandante que ellos estaban ahí, pero el helicóptero estaba fumigando, que no era justo. Entonces el

comandante lo tranquilizó diciendo que iba a dar la orden de que se retiraran. Y así fue. El Padre ese año cosechó bien. Y cuando se iban los soldados se fueron a despedir del Padre.

Yo imaginaba que los relatos sobre los operativos del Ejército siempre suponían violencia, abusos. La Hija disipa mis dudas.

—No, para nada. Son buena onda cuando andan por aquí.

—Es que la mayoría igual son del campo —interviene uno de los campesinos—, no son prepotentes. La mayoría son hijos del pueblo.

Tanta buenaondez imagino que se debe también al moche que han de recibir de los niveles más altos de los traficantes.

El campo está en el fondo de un pequeño valle, hay que volver a subir para llegar a la entrada de las grutas.

—No se preocupen —dice la Hija trepándose, alegre—: es una subidita nada más. Casi llegamos a la entrada de la cueva.

Por un momento, aquí en las profundidades de la gruta, en el vientre de la tierra, con la Hija, uno de sus perros y la carabina Ruger colgando del hombro del Hijo, se me ocurre que si quisieran podrían matarme y dejarme aquí, y nadie me encontraría durante mucho tiempo. Se me vino a la mente la pregunta que con naturalidad me hizo la Hija por la mañana, durante la preparación del platillo, casi sin darle importancia.

—Mi mamá se preguntaba cómo fue que tuviste la confianza de volver aquí para cocinar.

Ahora me doy cuenta de que en lo que dice hay muchos implícitos. Me estaba preguntando cómo fue que no tuve miedo. Imagino que fue porque confié. Sentí que podía confiar y entregarme a unos desconocidos que producen marihuana y amapola en medio de la sierra, que conviven constantemente con los que ellos llaman "los armados", entendiendo los sicarios, los "mañosos", los que pertenecen al que se conoce como "Cártel de Tlacotepec". Y los mañosos son los que, a través de la confianza del Padre, permitieron que yo llegara hasta aquí.

Lo que me sigue intrigando es cómo se leen las narraciones y los hechos. Porque fuera del área controlada por los hombres armados —que, deduzco, forman parte de la seguridad de los Tlacos—, hay un perímetro controlado por el Ejército mexicano, que resguarda este territorio tan vasto y rico de recursos. Las narraciones suelen explicarnos que son los "narcos" los que mandan, porque son ellos los que efectivamente están aquí. Pero, si el Ejército rodea la zona, permite el acceso y la salida, permite o impide las actividades, entonces, ¿quién está realmente al mando? ¿El controlante o el controlado? Quizás hay una tergiversación de las relaciones de poder. El ejército controla el perímetro exterior: el acceso y la salida. En teoría política se diría que el ejército es quien detenta la soberanía territorial, mientras los traficantes y productores de drogas son los subalternos. Decir lo contrario es repetir un mito, una falacia que difunde el mismo poder oficial.

En todo esto pienso mientras avanzo por un río subterráneo cuya agua fresca me revitaliza la circulación, adentrándome en las entrañas profundas de la tierra, con una pequeña linterna en la mano, en la oscuridad total.

Entrar en el monte es volver al vientre materno, he escuchado. Quién sabe. Nunca he vuelto al vientre materno, no sabría decir.

Pero quizás la sensación de envolvimiento es parecida a esta que pruebo cuando el Hijo de repente dice:

—Apaguemos las luces. Nunca han visto una oscuridad así.

Y sin pensarlo apagamos las luces y la oscuridad es tan honda que penetra en la piel, avanza expedita hacia la profundidad de lo que llamaría el alma, si en el alma creyera. Una oscuridad definitiva sin reparo de falta total de luz y de esperanza. Me ahoga en un principio. Luego la acepto, la recibo sin temor. Es el todo.

Dura pocos segundos y después volvemos a prender nuestras linternas, pero sabiendo que algo ha cambiado. Nos quedamos en silencio unos instantes. Quiero seguir hasta donde se pueda, entre estalactitas que caen de alturas impensables, 30, 40, 50 metros, y estalagmitas que rodeamos con atención para no cortarnos los pies con la piedra afilada; o nadando en las aguas que dentro de pocos meses engrosarán con las lluvias y encontrarán la salida en las numerosas cascadas circunstantes, y las grutas no serán practicables.

Quiero seguir. El sentimiento que pruebo es de una felicidad tan intensa que me duele. Una felicidad existencial que está hecha de amor por la belleza, de conciencia de la insignificancia de la vida del hombre frente a la inmensidad del universo, de gratitud hacia estos hermanos que han decidido confiar en mí y hacerme parte de un secreto al que pocos tienen acceso. Me esperaba muchas cosas en este trabajo, pero me sorprende sentir tanta felicidad.

Salir a la luz me da un extraño placer, con un retrogusto amargo. Me entristece abandonar esta cueva. No sé si algún día volveré.

Pero olvido pronto esa amargura al bajar al fondo del valle y al meterme a la pequeña laguna a los pies de una cascada que sale de alguna fisura de la montaña. Es la misma agua de la gruta que ha encontrado una salida a la superficie y crea un entorno de verde y pequeños arcoíris.

El Hijo insiste en enseñarme a disparar. Siempre me han asustado mucho las armas de fuego, pero al final la curiosidad prevalece. Me explica cómo funciona y en toda seguridad disparo un par de balas en la poza. La sensación es de asombro. Pero también me inunda la adrenalina, es una sensación placentera de poder. Le devuelvo la carabina y el Hijo se exhibe en un tiro al blanco preciso que destroza una botella de plástico que cae al agua. Afortunadamente, el momento balístico acaba en pocos minutos y nos podemos dedicar al goce del baño en la poza, del sol, de las pláticas amenas con estos dos jóvenes que me hablan de sus aspiraciones, sus deseos, sus ilusiones.

Al Hijo le gusta mucho bailar danzas tradicionales, le gusta el teatro y la escuela. La Hija me cuenta que ha tomado cursos de estetista y barbera, porque quiere trabajar mientras estudia en la universidad. Probablemente abrirá un pequeño negocio de ropa y estética para pagarse los estudios, la renta, para ser autónoma. Está consciente de vivir en una zona vigilada de la cual es muy difícil salir, pero parece entender las formas de vivir en ella, de prosperar, de crecer. Y luego se verá.

La sierra ya no es lo que fue en los años de la flor del mal. Gran parte del dinero que se generó con el cultivo de amapola se ha gastado en fiestas, en carros, en alcohol. Hoy los productores se arrepienten de haber desperdiciado tanto dinero, quisieran que el negocio volviera a la sierra, para tener otra oportunidad. Esta vez no gastarían en goce, gastarían en casas, en bienestar duradero. Pero el negocio no va a volver y muchos han emigrado a los Estados Unidos para ser explotados y mandar remesas.

Hoy el negocio es la minería. Pero no es negocio para el pueblo, sino para las empresas mineras que aprovechan la violencia y el terror que garantizan los grupos criminales para poder explotar impunemente un territorio en el que abundan minerales valiosos: el primero de todos, el oro.

Y las instituciones favorecen los negocios de esas empresas generando acuerdos con los grupos criminales. Todos saben en la sierra por quién tenían que votar, porque esto es lo que indicó el grupo que administra la zona, los Tlacos. Y todos votaron lo que se les indicó: Morena.

La confusión surge de nuevo a la hora de establecer quién manda realmente. Fuera de aquí, hay funcionarios de gobierno, periodistas y académicos que dicen que mandan los grupos armados que circulan en la zona, que amenazan, pero que no molestan a nadie si nadie se mete con sus negocios. Luego pienso en el anillo de protección del Ejército en las entradas de la sierra; pienso en los políticos que imponen candidaturas, que exigen votos, que reciben sobornos y piden "moches". Es que se expresa entre ellos una relación al revés, en la cual los narcotraficantes son los subalternos que van negociando cada vez su espacio de operación, su dominio temporáneo, hasta que cambie el viento.

El regreso es más breve que la ida. Quién sabe por qué. Al llegar la Madre nos espera con unos kilos de masa lista para hornear y hacer pan dulce para toda la familia, hijos, nietos, vecinos, que alcance para las próximas dos semanas. Sobre todo está esperando que me ponga a trabajar en la pizza que le prometí.

La Hija y yo, con paciencia, en el crepúsculo que incendia de rojo, de naranja, de morado, de oro, de azul oscuro la inmensidad inolvidable de la sierra, nos ponemos a condimentar varias pizzas, les ponemos chorizo, jitomate, queso. Al final no les ponemos ni un poco de piña.

Se hornea en la oscuridad, en este horno que parece un pequeño temazcal, en el patio de una de las hijas de la Madre, a pocos metros de la casa familiar.

La pizza es un éxito, crujiente, sabrosa y sin piña. Nos acostamos contentos, cansados por el día largo y lleno de emociones. Ya ni le hago caso a la carabina que volvió a su lugar frente a mi cama. Cierro los ojos y me absorbe el respiro hondo de la sierra.

Intermezzo: Paté de hígado de pollo

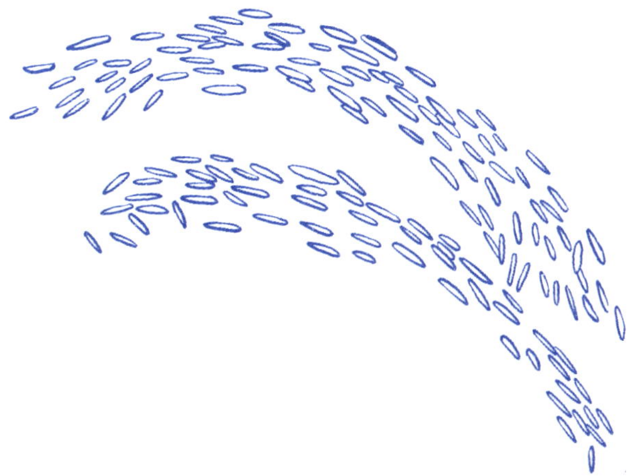

Sé que el hígado no suscita grandes simpatías en la actualidad, a menos que se llame *foie gras*. No hay mucho que hacer. No gusta. Son más los que dicen "no, gracias". Pero los que sí comen hígado lo aman. Por supuesto, yo lo amo; obvio, si no, no pondría una receta de hígado.

Entiendo que no sea de los alimentos más amados, pero no entiendo por qué. Siento que le pasa algo parecido al brócoli o las espinacas: un prejuicio fatal, completamente injusto. Y esta intuición se confirma abundantemente viendo a mis gatos disfrutar de pedacitos de hígado de pollo que de casualidad caen al suelo mientras lo corto para la preparación. Si los gatos lo disfrutan tanto, ¿cómo es posible que no lo hagan los humanos?

Debo confesar que esta receta no es mía, sino de mi amiga Silvia, otra migrante romana perdida en la Ciudad de México, con la cual comparto la actitud sarcástica frente a la vida, que a menudo requiere una copa de vino y una risa profunda y malvada, a veces un café, una grappa y el amor a la comida.

Le he pedido la receta un sinfín de veces en estos años, y ella cada vez vuelve a pasármela con generosidad, paciente.

Ingredientes para 8 personas

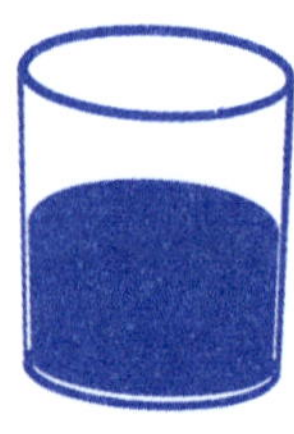

500 g de hígado de pollo
1 cebolla grande
½ vaso de vinagre blanco
½ vaso de vino tinto
70 g de mantequilla
Aceite de oliva extra virgen
Alcaparras
Pepinillos
Sal
Pimienta

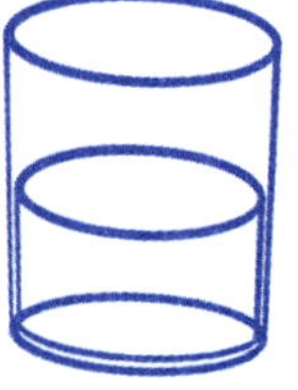

Las indicaciones de Silvia son las siguientes:

> Marina los 500 gramos de hígado de pollo en vinagre blanco durante media hora. Mientras tanto, corta en rodajas una cebolla grande y hazla acitronar en una sartén con aceite y mantequilla. Une el hígado de pollo al sofrito de cebolla junto con un poquito de su vinagre y deja dorar la carne unos 10 minutos; luego desglasa con el vino y deja evaporar hasta que ya no se sienta el aroma del alcohol. Agrega las alcaparras y los pepinillos cortados en trozos grandes y deja cocinar un par de minutos más. Cuando apagues el fuego agrega la mantequilla fría, unos 50 gramos, y déjala derretir con el calor de la carne. Una vez que se haya entibiado, muele todo y prueba para ver si falta sal, pero considera que las alcaparras ya están saladas. Destapa una buena botella de vino, tinto o blanco, el que prefieras, e invítame a probar el paté. ¡Guarda la receta!

Con esta receta me preparo de vez en cuando un par de frascos de paté para mi gula que nadie quiere compartir. Casi nadie. El primer frasco es para mí. El segundo se lo mando de contrabando a Paco Ignacio Taibo II, que como yo es goloso de esta delicia.

Hay una película japonesa que habla de cocina. Bueno, hay varias películas japonesas que hablan de cocina, pero esta es una de mis favoritas. Se llama *Tampopo*, de Jûzô Itami. Habla de Tampopo, una mujer que intenta mantener un restaurante de ramen después de la muerte de su marido, ayudada por un desconocido. *Tampopo* enaltece el amor profundo por la comida de la cultura japonesa, pero también el cuidado y el cariño por su preparación, tan elaborada.

Hay una escena en la película en la cual un hombre corre jadeante por la calle, tiene mucha prisa. Al llegar a su casa la escena se vuelve terrible: una mujer moribunda acostada en el tatami, rodeada por tres niños de varias edades, un viejo doctor y una joven enfermera. Se entiende que el hombre es su marido. Está desesperado frente a la inminencia de la muerte de la mujer. La agarra por los hombros, la sacude, le grita que no se duerma porque se va a morir. Le pide que no se muera, que haga algo.

—¡Di algo! ¡Canta!

Pero su petición no surte ningún efecto, la mujer sigue semiinconsciente en la cama. Un momento después, en un gesto desesperado y final, la mira a los ojos y le grita:

—¡Levántate y cocina! ¡Ve a preparar la cena!

Entonces pasa algo portentoso. La mujer lentamente se levanta, frente a las miradas sorprendidas de todos, y como zombi se dirige a la

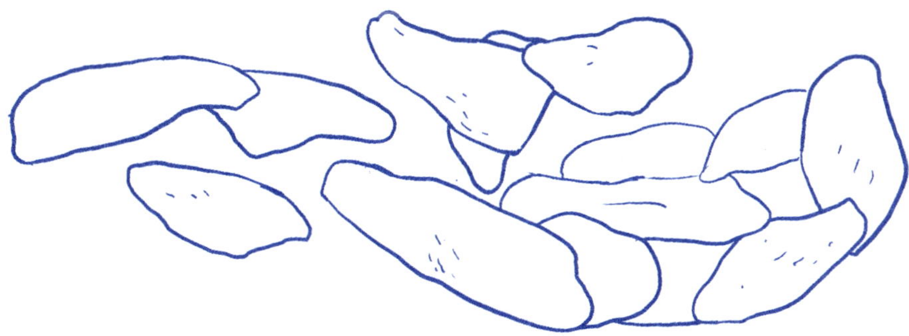

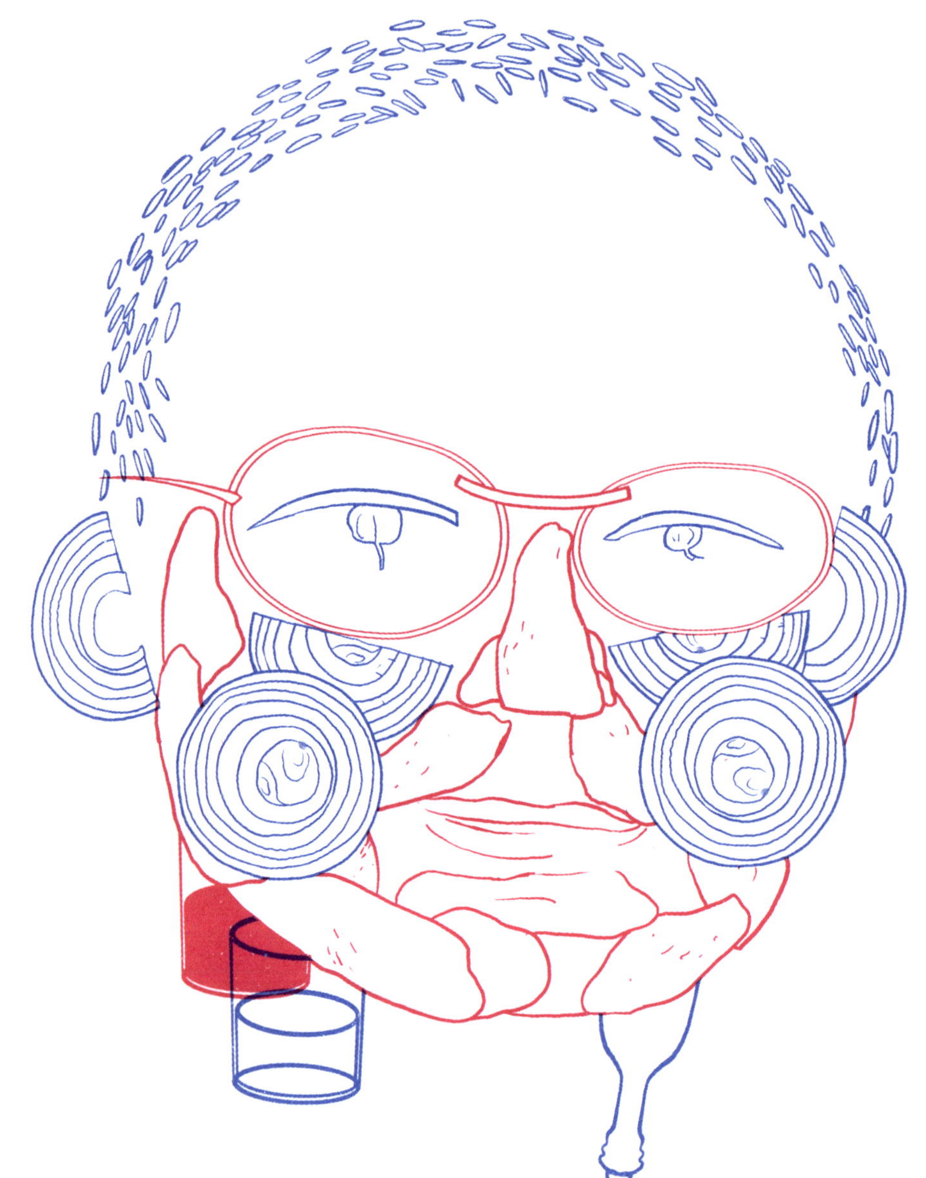

cocina. Agarra una cebolla larga y con un cuchillo empieza a picarla. Mientras los niños ponen la mesa, la mujer prepara la cena para su familia: como siempre, arroz frito. Lo sirve en las tazas y todos empiezan a comer. Ella, cadavérica, los mira con amor, sonríe y muere.

Aparece el médico con la enfermera, le toma el pulso, le mira las pupilas y dice:

—Lo siento mucho. Hora del deceso, 21:22.

Todos gritan y lloran. El papá, entre lágrimas, blande otra vez los palitos y les grita a sus hijos:

—¡Sigan comiendo! ¡Esta es la última comida preparada por su madre! Coman mientras sigue caliente.

En otra escena, Tampopo, acompañada de su nuevo senséi Gorô, va a conocer los demás restaurantes de ramen para entender en qué puede mejorar y cómo trabajan los demás.

El cocinero atento revisa qué es lo que prefieren sus invitados, qué es lo que dejan en el plato y si acaban todo por educación o por gusto. Es un enorme placer para el cocinero que los comensales coman con entusiasmo y pidan repetir. A la vez, cada comida, cada cena, es una prueba en la cual el cocinero entiende lo que funciona y lo que no.

El cocinero quiere conocer los secretos de las recetas ajenas, por ello pregunta, observa, roba. Porque un verdadero cocinero está dispuesto a todo para tener una nueva receta o una versión mejorada de una receta que ya tiene. Sin embargo, una vez que ha logrado obtener la información, el cocinero la modifica. Es inevitable, la tiene que modificar porque debe tener su sazón. Pero sobre todo porque siempre se considerará mejor que el otro cocinero al que le robó el secreto. Está buena su receta, pero yo la prepararía mejor así…

Al cocinero le gusta tener invitados, pero no le gusta que estén husmeando en su cocina, metiendo cucharones, tocando ollas, fuego o ingredientes. Sobre todo, un cocinero no soporta que otro cocinero le diga en su cocina lo que tiene que hacer.

A un cocinero no le gusta cocinar en una cocina ajena, con herramientas, sartenes, cuchillos que no conoce. Se puede adaptar, pero no es algo que le agrade.

Cada operación se tiene que enfrentar con cuidado, concentración y amor. Pero ¿cómo se hace? Pues para empezar el amor lo tienen que sentir; si no hay amor en su corazón, no se pongan a cocinar.

Una vez que encuentren el amor en su alma, entonces hay que hacerlo pasar de su cuerpo a sus alimentos. Así. Exacto.

Hace unos meses me fui a recluir en un minúsculo departamento en una montaña alta y fría. Estaba muy solo, no había nadie con quien hablar, no había calefacción, no había nada que hacer más que pensar, escribir, leer y cocinar. Pero cocinaba con mucha tristeza en el corazón, angustiado porque no podía escribir, y muy solo. En 10 días me corté tres veces los dedos, una de las cuales casi me cuesta una uña entera. El cuchillo no era el mío, el de siempre, pero me parece una exageración.

Respecto a la escritura, no acabo de entender si en mí hacía falta amor o atención. O si sobraba la fuerza del inconsciente que me decía que no era tiempo de teclear, sino de callar y dejar fluir el dolor. No se han curado del todo mis heridas, pero heme aquí escribiendo con todos mis dedos. En la escritura, como en la cocina, hay que esperar el momento oportuno. La pasta no está *al dente* ni antes ni después de su momento, así como el aguacate tiene que comerse en su punto.

No todos cocinan. De hecho, se cocina en casa cada vez menos. Abundan en las redes sociales canales de gente que nos enseña a preparar cualquier cosa, fácil y en poco tiempo. Durante la pandemia parecía que el mundo se había llenado de panaderos. Todos horneando a lo bestia. La realidad es que aumentan restaurantes, bares, puestitos, así como los pedidos por aplicaciones. Se ha reducido el hábito de cocinar y comer en casa dos o tres veces al día, pero cuando hay que lucirse nos transformamos todos en pequeños chefs.

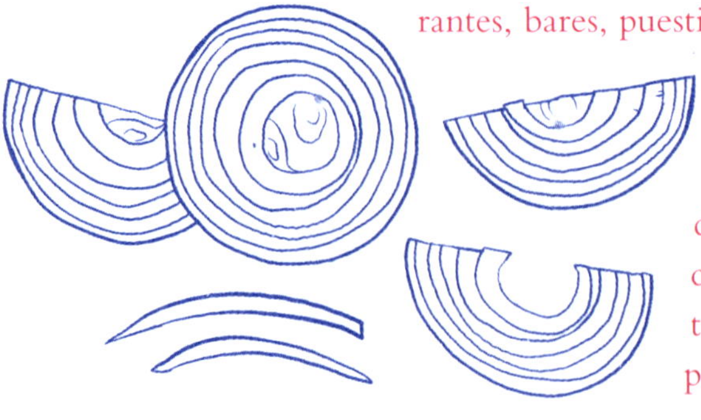

No sé qué significa todo esto. Perder la costumbre de cocinar a diario vuelve la cocina algo especial, y no algo cotidiano, necesario o incluso aburrido.

Soy uno que prepara comida todos los días, y no siempre lo disfruto. Aprendí que comer en casa es más sano. A veces. Pero la sazón de algunos amigos es tan desangelada que intoxicaría más que la peor comida chatarra. A veces resulta más barato. Aunque en México la opción de la comida corrida es muy competitiva.

Entonces, ¿por qué cocinar todos los días si puede hacerlo alguien más?

Me gusta probar cualquier alimento. Esto está en conflicto con las prohibiciones religiosas que limitan las dietas eliminando ingredientes. Las religiones por definición establecen reglas morales que tienen que ser interiorizadas y respetadas. Algún día leí que el pozole que se preparaba en la gran Tenochtitlán con funciones rituales estaba hecho con carne humana. En específico, la parte mejor, que le tocaba al tlatoani, era la pierna derecha del sacrificado.

Mi mente va a la genial comedia negra danesa *Marinadimestari*, de Anders Thomas Jensen, en la cual los protagonistas, dos carniceros de un pueblo interpretados por Mads Mikkelsen y Nikolaj Lie Kaas, se encuentran acorralados en una situación difícil después de matar sin querer a un electricista que se queda accidentalmente encerrado en la cámara frigorífica de su carnicería. Deciden entonces vender su carne marinada como si fuera pollo, obteniendo un éxito extraordinario entre sus clientes, caníbales involuntarios. Se ven obligados a matar a otros paisanos para seguir con el negocio de la carne más cotizada del pueblo, pero después de un sinfín de situaciones absurdas y grotescas se dan cuenta de que lo que realmente hacía sus filetes de pollo tan especiales no era tanto la carne, sino la marinada.

Lo especial es la sazón, más que los ingredientes.

He pasado meses buscando a alguien que todavía preparare un buen pozole de carne humana para este libro, pero sin éxito.

VI. Jaiba rellena

Tampico, Tamaulipas

Ingredientes para 8 personas

1 kg de pulpa de jaiba

16 cascarones de jaiba

Mantequilla

Aceite

Pimienta negra

Sal

Aceitunas

Chiles en vinagre

Jitomate

Cebolla

Cilantro

1 huevo

Apio

Consomé de pollo

Pan molido o galleta molida

No me imaginaba así el fin del mundo. Pero ahora que lo veo me parece que podría ser.

El calor me hace sudar copiosamente. Yo imaginaba el frío de una estrella moribunda que ya no tiene la fuerza para calentar. Imaginaba una luz pálida, lechosa, tumoral, y en vez tengo que proteger los ojos con la mano. El camino es ancho, crujen bajo los pies las piedritas de la gravilla. Lo que abunda son ruinas, lo que falta son techos. Hay ventanas, no hay puertas.

Se dice que algún día estos edificios fueron fábricas, fueron casas, fueron restaurantes, fueron téiboles, fueron tiendas de flores, fueron librerías, fueron oficinas. Pero nadie ya lo recuerda.

Lo que hay es vacío. El miedo a los espacios vacíos se llama kenofobia. Puede ser miedo a espacios vacíos cerrados o abiertos. Aquí son las dos cosas a la vez. Viejos depósitos, cobertizos, almacenes, fábricas, que fueron espacios cerrados, pero ahora se funden con el ambiente y ya no se entiende dónde acaba el adentro y dónde empieza el afuera.

—Ese edificio detrás del árbol era una casa de seguridad. Ahí sabemos que disolvían los cuerpos en ácido.

No me imaginaba así el fin del mundo. No me imaginaba que el fin del mundo se encontrara en Tampico, que significa "lugar de las nutrias".

Dicen que los extraterrestres protegen la ciudad de Tampico de los huracanes. Hay una base alienígena submarina desde 1966 que no permite que los huracanes acaben con la ciudad, cuentan los que saben de extraterrestres. ¿Por qué lo hacen?

¿Por qué los alienígenas protegen a Tampico de los huracanes, pero no la protegen de los asesinatos, de las decapitaciones, de las desapariciones forzadas, de su desintegración lenta?

La autodestrucción de la ciudad de Tampico es un huracán lentísimo.

He llegado a Tampico porque me han dicho que en el fin del mundo se come muy bien. Camino por el malecón de la laguna del Carpintero, acabo de pasar frente a una rueda panorámica blanca a la orilla del agua en la que toman el sol cocodrilos inmóviles. ¿Será que hay cocodrilos que van por la vida a pocos metros de la ciclovía donde los tamaulipecos van a correr? La noria, en su decadencia, con sus manchas de herrumbre, se me figura como una carcasa de un animal ochentero que se ha quedado incrustada en la tierra, a testimoniar que hubo una época en la que la gente se divertía y tenía esperanza en el futuro.

La rueda de la fortuna se cayó dos veces.

Después de un par de preguntas me entero de que no tiene más de dos años. Pero que ya se sabe que tiene problemas de seguridad, así que los más prudentes prefieren verla de lejos.

Sigo mi camino hacia el Puente de las Artes, hay miradores. Me asomo en uno, pero no hay un dónde asomarse, no es más que un balcón que da al manglar sombrío. El manglar está lleno de fango y basura. Dos señoras gordas están sentadas en sillitas que bajo su cuerpo excesivo parecen minúsculas, incapaces de soportar la carga. Venden souvenirs de extraterrestres y cocodrilos. El malecón está lleno de cocodrilos enormes que toman el sol encima de unas piedras en la laguna o en la orilla. No hay sol, el cielo es blanco, plúmbeo, pesado. Junto con los peluches de cocodrilo y de extraterrestre, hay fotos de panoramas de Tampico: parece una ciudad diferente a la que veo.

Entre las fotos hay una que llama mi atención: ahí abajo, a la derecha; es una foto desteñida un tanto fuera de foco, y en ella está ese australiano de la televisión, el que iba a molestar a todos los animales salvajes, el güero que agarraba serpientes y cocodrilos con las manos, que murió matado por una mantarraya. ¿Cómo se llamaba? ¿Y qué hace aquí?

Ángel Hernández me confirma por teléfono que va a estar en Tampico, que me va a esperar para cocinar conmigo jaiba rellena a la tampiqueña, que me llevará a conocer su ciudad fantasma. Nos encontramos en el centro de Tampico frente a un kiosco que me parece un gigantesco pulpo de piedra rosada.

—Es un gigantesco *octopus* de piedra rosada —me confirma Ángel.

En otro punto de la plaza unas mujeres se toman fotos arriba de un letrero gigante iluminado con luces de colores que conforma la frase "I ♥ TAMPICO".

Ángel es un dramaturgo tampiqueño que conocí hace algunos años cuando montó *Desarmes*, una obra en la Ciudad de México que reflexionaba sobre la intervención de procesos artísticos en contextos de guerra. Es un hombre alto que viste de negro, con el pelo y la barba largos, igualmente negros, que lleva lentes oscuros, negros. Me recuerda a los amigos metaleros que frecuentaba en mi juventud. Lo veo más joven que yo, aunque me lleve un año. Será porque su energía lo mueve constantemente a la acción.

Conozco su determinación en promover el teatro como acción política, como forma de resistencia frente a las dinámicas ruinosas del capitalismo. Sus obras se incrustan en el derrumbe, se insertan en la geografía del desastre ocupando espacios, que repentinamente toman otra vida. Y esto hace Ángel con su compañía, Teatro del Fin del Mundo: ocupa espacios, los resignifica con la intervención artística y los devuelve a la sociedad cambiados para siempre, aunque fuera porque resuenan las historias que en ellos han sido contadas, por los procesos efímeros que han sido activados.

Cuando hablé por teléfono con Ángel, yo estaba regresando de cocinar costilla de cerdo en Amatlán. Le gustó mi proyecto y me propuso la preparación de un platillo representativo de Tampico, la jaiba rellena.

Me encantan los mariscos y tengo enorme curiosidad de probar la famosa jaiba azul, símbolo de Tampico, que en los últimos años se ha vuelto una plaga en los ríos y lagunas de media Italia. Es una especie originaria de las costas atlánticas de México y Estados Unidos que llegó quizás por error al ecosistema italiano, pero, dado que es una especie fuerte, grande, poderosa, llegó a dominar la fauna originaria de las aguas italianas hasta diezmar a otras especies. Así funciona siempre la colonización.

Ángel arranca el tour de la muerte en el centro, la parte más antigua de Tampico, la que está hoy esperando ser derrumbada por el tiempo, en ese huracán lentísimo que la carcome metro por metro, edificio por edificio. Caminamos por la calle Aquiles Serdán y nos detenemos en la esquina con Altamira. Hay edificios derrumbados, otros abandonados, otros completamente destruidos. Por momentos parece que la zona acaba de sobrevivir a un bombardeo. La muerte lenta comenzó en los años en que del otro lado del mundo estallaba la guerra en los Balcanes, a principio de los noventa. Mientras ahí se desmoronaba lo que había sido Yugoslavia, aquí en Tampico empezaban a instalarse estructuras de control, como las que surgieron del sector petrolero. La sección 1 del sindicato petrolero mexicano está en Tampico, bueno, a un lado de Tampico, en el municipio de Ciudad Madero. Eso significa una estructura de vigilancia y de explotación muy poderosa, la de las mafias petroleras y de su sindicato. Conforme las mafias comienzan a crecer, todos los empresarios, los dueños de edificios con algún valor arquitectónico, poco a poco deciden irse de la ciudad. El pánico colectivo lleva al exilio o al cautiverio por voluntad propia. Hay edificios, sin embargo, que fueron entregados a causa de amenazas, no tanto por voluntad propia; muchos cedieron sus propiedades a cambio de que no los mataran o de que regresara a casa su hijo desaparecido.

Convivir con la ruina es parte de la vida cotidiana de este lugar.

De repente nos metemos a una cantina abandonada que fue ocupada brevemente durante una edición del Festival del Fin del Mundo que organiza Ángel en Tampico desde 2012.

—Lo primero que se hace es limpiar el espacio —dice Ángel.

Camina entre los escombros a un lado de la barra, recupera la memoria de lo que aquí brevemente ha acontecido. Las paredes tienen memoria, los objetos guardan el recuerdo de las vidas que los han tocado, poseído.

—Cuando limpiamos ya comienza el proyecto de intervención. Cada quien decide en qué zona quiere actuar, pero siempre en ánimo de *performance*. No queremos sanearlo, devolverle su vida productiva.

Unos golpes adornan como telarañas el espejo al fondo de la enorme sala. Todavía un letrero anuncia que "hay ceviche". En cambio, ya no hay techo.

Nadie se interesa en darles seguimiento a los procesos de compraventa de estos edificios, es muy difícil que alguien compre, así que no vale la pena salvar aquellos que son dejados a que lentamente se vuelvan escombros. El plan es dejar que los edificios se abandonen y se caigan a pedazos para luego demoler lo que queda y transformarlo, a un costo mínimo, en nuevas unidades habitacionales, todas iguales de bloques de concreto con altísimos márgenes de ganancia.

La ocupación de espacios abandonados fue desde el inicio una opción muy lógica: si nadie los ocupa, deberíamos hacerlo nosotros.

—Además eran espacios que tenían una potencia que me ha parecido muy bella, cargada de sentido. Me emocionaba trabajar sobre los restos de la historia, construcciones que ya se vuelven improductivas

para la estructura de conveniencia humana, pero que siguen conservando en sí mismas una posibilidad de ser habitadas.

Empezaron con la zona de fábricas y luego hicieron un mapeo de estos espacios abandonados, comenzando a trabajar en algunas acciones. Una de las primeras preguntas era ¿hay forma de ingresar al edificio? A veces sí, a veces alguien aparecía de repente, demostrando que los edificios estaban abandonados pero vigilados, y decía que no, porque muchos de esos edificios están puestos como zonas de vigilancia o casas de seguridad. Tienen gente secuestrada adentro, tienen droga o armamentos.

—O sea, no es que tú puedes entrar así y hacer lo que tú quieras. No, no, no. De repente te encuentras gente desaparecida, amarrada ahí adentro.

Le pregunto a Ángel por qué cree que valga la pena resistir, haciendo cultura, teatro, festivales, en una ciudad aislada, abandonada y tan expuesta a la violencia.

—Es una forma de recuperar la capacidad que tiene una sociedad de defender sus necesidades básicas. Y para mí una de ellas es la expresión.

Para Ángel, periodismo y arte comparten una mordaza poderosa que aniquila cualquier reflexión colectiva sobre la violencia. Una censura sistemática que no permite que las colectividades desarrollen proyectos libres en cualquier campo, principalmente el activismo.

—Nosotros lo que hacemos es tratar de generar pequeñas resistencias que se van sumando a otras y que tienen, más que un objetivo, una necesidad: la recuperación de espacios de encuentro humano. Ese bar que acabamos de visitar se puede convertir en uno de ellos. En vez de verlo así, mañana puede venir una banda de jazz tocando con unos *performers*, generando un discurso que se relacione con eso que sentimos tú y yo al momento de recorrer las calles: que esta es una ciudad fantasma a pesar de que al parecer hay humanos.

En efecto, lo que veo es tránsito, pero el sentido está perdido, pues va más allá de comer en esta esquina, comprar un celular o caminar por las calles.

Le pregunto cuál es la respuesta de los habitantes de Tampico frente a las propuestas del Festival del Fin del Mundo.

—Hemos visto aumentar la participación con el paso del tiempo. En un principio lo más complicado era lograr que hubiese gente con ganas de hablar y relacionarse con ese tipo de acontecimientos. Luego la gente entendió que el festival es un laboratorio de procesos, que no contempla la presentación de proyectos en espacios oficiales, sino promueve la investigación del espacio o la reactivación temporánea del espacio mismo. Queremos que se vuelva a repensar la ciudad.

Dentro de la ruina todavía hay posibilidad de sentido. ¿Cómo subvertir la ruina y generar una posibilidad de producción de sentido?

—Nunca he estado de acuerdo con la intención de recuperar el espacio. Hay otra peor: reinsertar el espacio en un margen de productividad. Yo lo que digo es lo contrario. Nosotros estamos bien con que estos espacios continúen siendo ruinas. No podemos resucitar a los muertos. Esos están produciendo un sentido desde el lugar en el que se encuentran. No pensamos en rehabilitar el espacio. Lo que hacemos es complejizar un pensamiento crítico que se instala en esas condiciones de ruina para abrir otras reflexiones, que la gente decida.

Tampico, la ciudad de los cocodrilos y del tránsito de fentanilo hacia el norte de México. La ciudad protegida por los extraterrestres a los que se ve que les importa mucho que las drogas y armas transiten libremente entre el golfo de México, la frontera norte y San Luis Potosí.

A la Zona Cero se llega en taxi. Está a la orilla del río y el tramo que la separa del centro es algo peligroso. En toda la zona hay que tener cuidado. En las enormes bodegas de la Zona Cero es donde trabajaban los terrestres, o sea, los trabajadores que se encargan de todas las tareas de un puerto en tierra. Uno de ellos se volvió una leyenda en Tampico por ser un gigante de 2.30 metros, con una fuerza descomunal: José Calderón Torres, conocido como Pepito el Terrestre. Descansé junto a su estatua de bronce, que espera, sentada en una banca, a los que se le quieran acercar.

Quizás es en ese sentido que se nombra extraterrestres a los seres que habitan las aguas mar adentro.

Caminar por la Zona Cero es un entrar en una versión del fin del mundo que ya conocemos, que ya fue imaginada. Entonces soy un visitante del Wasteland de *Mad Max*, un alma errante más por las ruinas de una ciudad posapocalíptica de *Hokuto no Ken*. Aquí, entre estos restos de edificios abandonados, de repente sorprende un almacén todavía en uso, una fábrica que todavía produce, un edificio detrás de un árbol que en algún momento fue una casa de seguridad en la que tenían prisioneros a desaparecidos y después los asesinaban y disolvían en ácido.

Son espacios gigantescos que inquietan profundamente, que desubican al transeúnte. Aquí se organiza el Festival del Fin del Mundo. Aquí se resignifican los espacios durante unos cuantos días. Aquí una vez Ángel fue secuestrado.

—Bueno, estábamos haciendo un recorrido para verificar las condiciones que necesitábamos, haciendo mediciones, cuando llegan y me secuestran.

Me lo cuenta ya fuera de la Zona Cero. Después de nuestro tour por la ruina, caminamos hacia un pequeño embarcadero próximo a las otrora fábricas para tomar una lancha que en cinco minutos cruza el río Pánuco y nos lleva al poblado de Pueblo Viejo, ya en el estado de Veracruz. Aquí la atmósfera cambia, a pesar de estar a pocos metros de Tampico. Parece otro país. El clima es relajado, no se percibe la tensión de la Zona Cero. Nos sentamos en un restaurante y pedimos una cerveza para refrescarnos en el clima bochornoso del golfo de México.

La forma en que Ángel y los demás integrantes del colectivo idearon el proyecto del Festival del Fin del Mundo fue a partir de la cooperación popular, que la gente misma de la zona participara, ayudara, sintiera como propia la ocupación de esos espacios abandonados, y así generara nuevos lazos comunitarios. Ya habían intervenido ese lugar, de forma temporal, el año anterior. Es en ese contexto que en 2013 llegaron a secuestrarlo.

—Estoy en la calle, llega un coche y me dicen: "Sube". Me preguntan qué estamos haciendo. Yo explico que era un proyecto de teatro, que ya habíamos intervenido anteriormente esas fábricas. Y el tipo me dice: "Bueno, a mí me pidieron que viniera por ti, cabrón. Te vamos a llevar y quién sabe si salgas, la verdad".

Mientras se lo llevaban, ahí en el auto, Ángel explicó qué estaban haciendo, que no tenía nada que ver con otras actividades, y les enseñó las fotografías que tenía en el celular, en la memoria de la cámara. Les entregó todo y esperó a que el hombre que hablaba revisara el contenido. Puras paredes, muros, el desgaste de la pintura, los espacios donde iban a hacer las intervenciones artísticas.

—Yo creo que el güey se dio cuenta. Aparte yo le hablé muy normal, o sea, no me puse nervioso ni me puse altanero. Y me acuerdo mucho de que me dijo: "Me caíste bien, greñudo, te voy a bajar, cabrón, pero, si te vuelvo a ver aquí tomando fotos, entonces sí te va a cargar la chingada".

Y lo dejaron ir.

—A ellos les vale madre que nosotros hagamos teatro, *show*, ahí el pedo de ellos es que nosotros seamos espías de los grupos contrarios. Son paranoicos, no confían en nadie, entonces lo único que yo quería demostrarles es que efectivamente nos dedicamos a eso. La ventaja que tuvimos después del secuestro es que lo fueron verificando, porque ellos estaban ahí. Nos presentábamos y ellos estaban ahí, había observadores, había halcones. Se quedaban a ver el *show*, incluso nos ayudaban en algunos casos a poner los focos, a limpiar estos lugares, y nosotros también nunca les dimos cierta importancia. Los tratamos como iguales. "Oye, compa, échame una mano, ayúdame…", bromeando con ellos… Son chicos, son chavitos de 16, 18 años. No es el perfil del capo, esos son otros. Que seguramente también iban, pero solamente de sus camionetas se asomaban y se daban cuenta de qué estábamos haciendo. Y eso creo que nos valió que sí verificaran que decíamos la verdad.

El mercado de La Puntilla es una locura de garzas y pelícanos y gatos y otras aves. Una orgía de seres plumados voladores apostados en espera de arrear lo que se pueda de carcasas o pedazos de pescados. La cantidad de pájaros, atraídos por pescados y mariscos, supera por mucho mi imaginación: vuelve las imágenes de Hitchcock una broma infantil, relega la visión de las bandadas de estorninos que sobrevuelan como nubes los cielos de Roma en otoño a la categoría *amateur.*

Estamos rodeados de gritos, de alas que se agitan, de picos que se abren y se cierran ruidosamente, de patas y garras que pisan, se aferran, repiquetean el piso mojado del agua salobre de la boca del río Pánuco mezclada con guano y restos de animales marinos.

Una vez adentro de los locales, las aves, relegadas al espacio exterior, dejan paso a unos cuantos gatos, astutos y pacientes, que sin tanto escándalo obtienen más con menor esfuerzo.

Los niños, los borrachos, los ilusionistas y los cocineros de la televisión siempre anuncian lo que están a punto de hacer.

Vamos a picar muy finamente el jitomate, la cebolla y el apio. El apio es importantísimo, se podría decir que es la esencia de la jaiba rellena. Aparte se bate un huevo que más tarde usaremos.

Mientras voy picando los ingredientes, Ángel me cuenta del lugar en el que estamos: La Guarda, casa ocupada. Hace eventos sobre la destrucción.

Siempre fueron un colectivo de teatro de calle, desde 1996, cuando Ángel, sus dos hermanas, su mamá y posteriormente su cuñado conformaron la compañía de teatro que hoy sigue trabajando. A partir del aumento de la violencia en Tampico, ya no había espacios culturales. Así se vieron en la necesidad de buscar sitios donde poder ensayar, tener talleres. Así fue como dieron con este lugar que llevaba mucho tiempo abandonado. En el pasado varios lugares habían sido el resguardo de sus procesos creativos, incluso una plaza de toros abandonada, que luego fue desmantelada. La Guarda fue su última casa, y la ocupación lleva más de 20 años.

El espacio en el que estamos fue la guarida del colectivo durante casi tres décadas.

Después de la cebolla, el jitomate y el apio se pica un manojito de cilantro, con todo y tallos, y se agrega de una vez a la jaiba.

La Guarda no es un espacio normalmente abierto al público. Lo que hicieron fue un trabajo al interior del colectivo. Tienen temporadas de apertura, pero no están vinculadas a la producción. Es frecuente que presten el espacio para que lleven a cabo otras actividades otros grupos, siempre a través del trueque, del intercambio.

—Ellos vienen, se presentan, nos traen cosas que pueden servir al lugar, hacen donaciones en especie o nos dan mano de obra. Y nos va bastante bien. Ha sido lo mejor hasta ahora.

—¿En algún momento las instituciones formales han intentado cerrar este lugar?

—No. Hasta ahora no. Lo que hemos tenido son amenazas de desalojo, porque como te darás cuenta aquí al lado está el rastro municipal —indica con la punta del cuchillo a nuestra derecha, a menos de 50 metros del muro que encierra este pequeño jardín—, que es actualmente la casa de cultura. Y del otro lado tenemos el centro de formación de las artes. Nosotros estamos en medio. Entonces para ellos tener este espacio sería cerrar su zona donde pudieran activar otro espacio tirando la construcción de La Guarda, que en términos arquitectónicos es inservible, y tener un complejo cultural. Entonces aquí estamos un poco como unos huéspedes incómodos.

Pero nunca ha sido realmente amenazada la supervivencia de La Guarda. La política contracultural del colectivo ha sido tolerada probablemente porque les da cabida a otras expresiones de la disidencia, y cerrar este espacio significaría provocar la reacción de todos los movimientos sociales.

—Vamos al siguiente paso, el paso estrella de la receta, que es el de la pulpa de jaiba. Este alimento es el alimento tradicional de este lugar, porque la jaiba en esta región se da de manera prolífera. Y además es una manera de resistencia de los pescadores, que gracias a la venta de esta jaiba azul se han buscado la vida durante años. Está el puerto jaibo, como emblema de la ciudad. Todo lo que tiene que ver con Tampico se relaciona con la jaiba, el producto principal de la región. El equipo de futbol es la Jaiba Brava de Tampico Madero. Imagínate, este alimento le ha dado de comer a muchísima gente y sigue representando a la zona en términos de economía y de gastronomía.

—¿Por qué se come tan bien en Tampico?

—Je, je, dicen que es la perla de la Huasteca. Es el punto intermedio entre todas las zonas de la Huasteca: San Luis, Hidalgo, que también está muy cerca, y obviamente el gran estado de Veracruz... Échale un poquito más de sal... Entonces Tampico está en un punto privilegiado.

Se echa un poco de aceite en una sartén, un poco de caldo de pollo y se le vierte la pulpa de jaiba. Se agrega un poquito de mantequilla y, en cuanto agarra color, se agregan los vegetales picados, pimienta, una cucharada de chile y un poco de vinagre.

Mientras tanto se van preparando las conchas o caparazones de la jaiba que van a contener el relleno. Primero se lavan con agua y sal, luego se les echa una media cucharadita del huevo que hemos batido y se mueve para que quede esparcido en toda la parte interna de la concha. Esto con la finalidad de que se adhiera en el fondo y el relleno pueda despegarse con facilidad.

Una vez lubricadas, se pasa a la fase siguiente, es decir, hay que rellenarlas con la pulpa ya cocida con el picadito de verduras. Hay que rellenar bien hasta en los espacios más remotos, compactando bien la carnita dentro del caparazón, pero sin que el relleno rebase el borde de la concha. Una vez que se llenen bien todos los espacios y quede compacto, se les pone un poquito más de huevo encima para cubrir el relleno, cuidando de sellar bien los puntos de contacto entre el borde del caparazón y la parte superior del relleno. Este paso es fundamental porque esa parte será empanizada y es la operación que permite que no se salga la pulpa a la hora de freírla.

Se pasa entonces a cubrir todo con la galleta molida, preferible al pan, con delicadeza y atención, compactando con firmeza, para que la jaiba quede bien consentida. Se repite la misma operación por cada jaiba.

Se van a freír entonces las jaibas con el empanado boca abajo en aceite muy caliente. En realidad todos los ingredientes ya están cocidos. Se fríe rápidamente para que quede la tapa crujiente y todavía más sabrosa.

Para completar la comida del fin del mundo preparamos también una ensalada de pulpo y un ceviche de camarón. La jaiba es un éxito, un sabor intenso que se mezcla de manera armoniosa con el salpicón ligeramente agridulce y picante y lo crujiente del empanizado. Una verdadera delicia.

Una vez comido el relleno, es buena costumbre tampiqueña lavar las cáscaras de las jaibas para volver a utilizarlas.

Cocodrilos, lagunas, peste a alcantarillado, riachuelos de agua, cielo blanco, humedad, calor, muertos matados, casas y edificios abandonados, clubes nocturnos, narcos, desaparecidos, jaibas, hoteles con mobiliario de los años setenta, obreros, pescadores, atracciones que tienen dos años y parecen de 40, rueda panorámica que recuerda una época de oro ya pasada y que nunca volverá, pero es el presente. Todo se queda aquí en espera de volverse ruina. Y los habitantes, como jaibas, se aferran entre ruinas, ponen música a todo volumen a las dos de la mañana. Intentan vencer la desesperación con el ruido. Es un grito agobiado que se levanta hacia el cielo plúmbeo. En el fondo, las llamaradas de las refinerías de Pemex en la cima de esas torres oscuras queman gases de pozos petrolíferos e iluminan el cielo nocturno con auras anaranjadas como en el Wasteland de *Mad Max*.

Llegamos a los quemadores de Pemex. Un lugar de mierda, desolado. Comemos unas quesadillas grasosas, ácidas, en un cuchitril que quiere hacerse pasar como comedor familiar. La dueña es una mujer que transmite un completo desinterés en el negocio. Atiende con mala gana, la comida, rancia, parece no ser lo importante de su negocio.

Fuera está lleno de camiones cisterna y al fondo los quemadores prendidos contrastan con el cielo antracita. Hay un enorme edificio en ruinas justo al lado del cuchitril que se identifica como fonda. Entramos a ver un espacio más abandonado y se abre a nuestra vista una pequeña montaña de sacos de unicel amontonados desde los cuales sale un polvo blanco que parece una pista de esquiar en miniatura.

Salgo a buscar un lugar donde pueda mear. Con el pito en las manos me quedo encantado unos minutos mirando el fuego que sale de las altísimas chimeneas. Mientras tanto un hombre entra en el edificio en ruinas y avisa amablemente a mis compañeros de que no, no pueden tomarles fotos a esos botes de plástico grueso azul que están ahí en la entrada del cobertizo abandonado, que contiene una pista de esquí miniatura. No, esos botes no los tenemos que mirar, sí, podemos tomar fotos a la ruina, pero no a esos botes nuevos, azul brillante, acomodaditos y a disposición, esos no.

¿Qué contienen? ¿Para qué sirven? ¿Ácido? ¿Qué hacen con ellos, deshacen cuerpos? Se sabe que en esta zona de refinerías abandonadas y activas una de las actividades que se han llevado a cabo en los últimos años es la de deshacer cuerpos en ácido. Es buena idea irnos de aquí.

No entiendo si la visita a este lugar es parte de un *performance* de Ángel. A veces me parece que se quedó atorado en el dolor indecible, en la miseria del desastre, de las construcciones derruidas, como si se pudiera sacar de ahí una suerte de macabro y triste placer. Quizás quiere enseñarme cómo se mueve suavemente en las entrañas putrefactas del fin del mundo. Pero el mundo no está acabado. Quizás a veces cree demasiado fuerte en su propia narración.

No sé por qué, pero en mi cerebro se sobreponen las imágenes de esta horrenda señora con su maquillaje excesivo que vigila a sus anónimos disolvedores de cuerpos hechos pedazos en un edificio en ruinas abandonado mientras un mapache se coge a otro mapache en el absurdo escenario de fuegos quemando día y noche desde la cima de altas torres y unos extraterrestres comen jaiba rellena sin intervenir, porque su tarea se cumplió, no habrá huracanes este año. Quizás es hora de irse.

Ruinas, desastres, escombros, destrucción, esos son los escenarios en los que se mueve Ángel y su acción poética. Por momentos me parece fascinante, luego me inquieta la idea de pensarse parte del paisaje del fin del mundo.

Pienso en una conversación que tuvimos al salir de la Zona Cero. Ángel me explicaba cómo a la mitad de los años ochenta las empresas que tenían su sede en Tampico se reinstalaron hacia el vecino municipio de Altamira. El 19 de septiembre de 1955 el huracán Hilda, de categoría 3, con vientos de más de 200 kilómetros por hora, había azotado toda la zona de fábricas a la orilla del río, en la que se recuerda como una de las más graves inundaciones que padeció la ciudad.

—La inundación aquí fue brutal, todo quedó completamente sumergido, y se dieron cuenta de que era mala idea tener una zona industrial a cinco metros del río. Ahora se lo debemos a los extraterrestres que no nos impacten los ciclones. Porque eran terribles.

—¿Cómo que a los extraterrestres?

—Sí, bueno, es lo que dicen, que los extraterrestres evitan que caigan los ciclones.

—¿Tú también piensas que es obra de los extraterrestres?

Me mira con expresión divertida. Luego sigue su juego.

—Lo cierto es que tenemos 10 años sin que nos peguen.

—¿Llevan 10 años los extraterrestres?

—Sí, ya teniendo la base aquí —dice con ironía.

—¿Tú la viste?

—No.

—Pero sabes dónde está.

—En la playa de Miramar, que en realidad ya no es Tampico, es la playa de Ciudad Madero.

—Pero ¿por qué los extraterrestres querrían salvar a Tampico de los huracanes?

—Creo que la idea es que no llegue el ciclón hacia su zona de operaciones.

—¿Y por qué tienen su zona de operaciones acá, los alienígenas?

—Porque es un lugar importante para ellos, supongo.

No se supo por qué. No hay abducidos que hayan regresado a contar nada, pero sigue siendo un mito.

—Esto es precioso.

Obviamente quiero ir a ver esa zona de operaciones. Al día siguiente llegamos a la playa de Miramar, enorme, casi vacía. No hay sol, pero tampoco llueve. Un cielo como los que me duelen, blanco que se mueve hacia lo gris, pero sin decisión. Un blanco espuma de mar sin sol. Un mar al que le han quitado lo azul y solo queda su rastro en un prevalente gris verdoso. Caminamos por toda la playa hacia el sur, platicando, Iazua toma fotos a pequeñas montañas de camastros inservibles de diferentes colores que decoran las dunas. Hace calor, pero parece una playa en invierno.

Llegamos a un larguísimo malecón que da al río Pánuco, que aquí desemboca en el golfo de México y que separa Tamaulipas de Veracruz.

En las piedras del malecón un mapache se está cogiendo a otro mapache. No sabría decir si son macho y hembra o si son del mismo sexo. No sé si los mapaches tienen relaciones homosexuales. Saco el celular y me pongo a filmarlos morbosamente, con la intención de hacer un video chistoso de los que se mandan en los grupos de WhatsApp de viejos amigos de la escuela. Pasa una pareja a mi lado. Ella sonríe, mueve la mirada hacia donde acaba la mía.

—Llevan ahí 40 minutos —dice.

Más que placer, en el morro tenso de los animalitos leo angustia, sufrimiento. Quizás a él se le ha trabado el pito, como les pasa a los perros que cogen, a veces.

Me canso de filmar a los mapaches atrapados en su coito interminable. Ya me siento algo incómodo, como un viejo *voyeur* disgustado. Decido entonces comprar un horrendo imán para mi refrigerador, de los muchos que venden los puestitos del malecón. El *merchandising* de extraterrestres, mapaches y cocodrilos.

Steve Irwin se llamaba. Pero nadie lo recuerda con ese nombre, todos lo conocían como The Crocodile Hunter. El cazador de cocodrilos. El australiano que viajaba por el mundo haciendo programas de televisión en los cuales agarraba serpientes, abrazaba cocodrilos, se exponía al riesgo de que uno de esos reptiles se lo comiera, y que acabó muriendo por una picadura de mantarraya en 2006.

Epílogo: Un helado

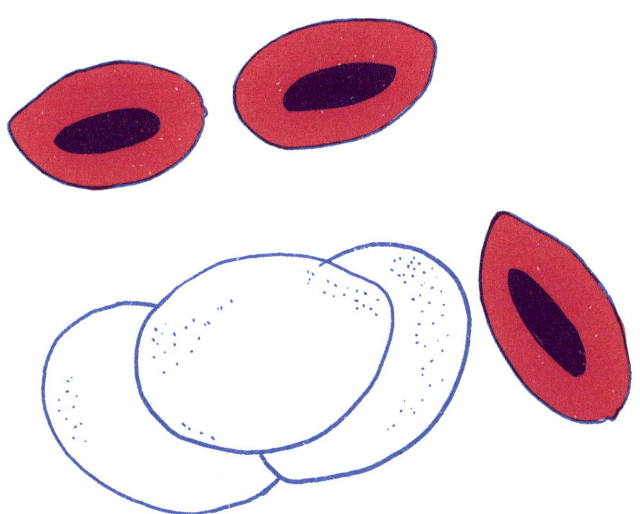

Juan Luis está sentado en su banquito, en la esquina, y no me ve, la cara hundida en las páginas del libro que está leyendo. Siempre está leyendo un libro, y cada tanto el libro cambia. Lo que no cambia es la concentración con la que Juan Luis se entrega a la lectura, el placer que descifro en su rostro. Ya ni espero que me vea, mejor me acerco yo para saludarlo. Cuando ya he cruzado la calle y estoy a pocos metros, levanta la cabeza y sonríe.

Se levanta para atender a una clienta.

—¿De qué tienes?

Alza levemente las tapitas de madera, redondas, aunque en realidad no mira adentro, hace solo el gesto. Ya sabe de qué sabores le queda.

—Cajeta, mamey, mango, limón y nuez.

La mujer lo piensa un momento. También ya sabe qué sabores quiere. Los de siempre.

—Uno mediano de cajeta y mamey.

Juan Luis entonces cumple los gestos delicados que repite decenas de veces: saca un vasito de plástico, quita las tapas redondas, con una cuchara de acero de punta plana acomoda el helado, lo entrega a la mujer y recibe el dinero que guarda en un compartimiento de su carrito.

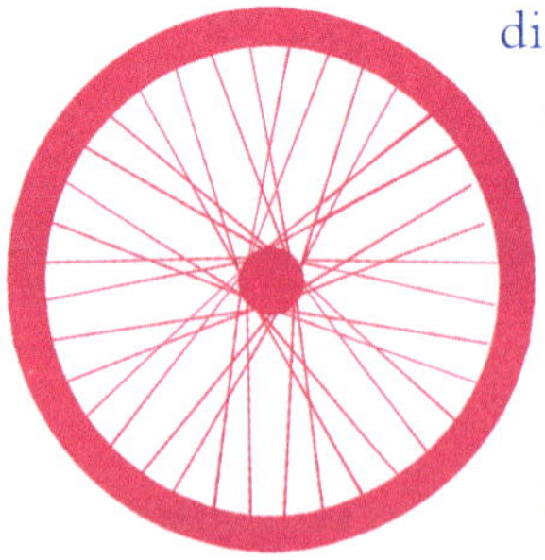

Lo veo casi todos los días, vendiendo helado o sentado en un banquito con un libro en las manos, un hombre diminuto, con un físico esbelto. Con los años nos hemos vuelto amigos, hablando de literatura, comiendo helado.

Me llama la atención su actitud, la energía positiva que emana, así decido incluir la receta de su helado artesanal en mi viaje gastronómico.

Nos vemos en la entrada de un callejón a pocos metros de la esquina en la que vende. Trabaja en el patio de la casa de su amigo Beto, que también le presta la cocina para preparar los ingredientes.

El carrito estacionado en el patio tiene una lona que conecta el techo con la pared, para que se pueda trabajar sin que pegue el sol o la lluvia. A un lado del carrito hay una hielera repleta de hielo y una tina de madera en forma cilíndrica de casi un metro, y a su interior hay un contenedor de acero. Cada mañana pica el cubo de hielo que le traen. La cantidad que necesita, dependiendo de si ha sobrado helado del día anterior o no, es de entre 60 y 100 kilos.

La primera operación es llenar de hielo el espacio entre la tina y el contenedor de acero para que se pueda enfriar. Juan Luis me enseña cómo hacerlo y yo empiezo a llenar la tina de hielo. Una vez acabada la operación es el momento de agregarle abundantes cantidades de sal gruesa, para que el hielo llegue a temperaturas más bajas todavía. La gran cantidad de hielo absorbe calor del contenido del cubo de acero, con el resultado de enfriarlo. Cuando se mezcla sal con agua, en este caso con hielo, se altera la composición química de la sustancia, entonces, también sus propiedades, entre las cuales está el punto de congelamiento. Mientras el punto de congelamiento del agua normalmente es de 0 °C, con la sal se crea una solución que se congela a -7 °C, y con la dosis adecuada se puede llegar a -21 °C. La sal, para derretirse en agua, sustrae calor a la solución y así baja la temperatura. Cuando se mezclan el hielo y la sal, el hielo se va derritiendo, se va transformando en agua, lo que hace derretir más la sal, que a su vez hace bajar la temperatura. Una extraordinaria forma de disminuir drásticamente la temperatura de manera natural, usando la química en lugar de la energía eléctrica.

Juan Luis se mete a la cocina para sacar la olla en la cual anoche hirvió la leche, el mamey, el azúcar y un poco de maicena para que agarre cuerpo. Vamos a preparar el primer sabor.

5 litros de leche

3 kg de mamey

2 ½ tazas de azúcar

Maicena

Juan Luis es un apasionado del deporte. Todos los días va a nadar por la mañana y a correr por la tarde. Los fines de semana, junto con su novia Xani, monta en una de sus bicicletas y sale a pedalear por las montañas alrededor de la Ciudad de México o en los estados cercanos. Una vez le explotó una llanta mientras bajaba a toda velocidad con su bici. Perdió el control y se desplomó en el asfalto. Estuvo en coma, a punto de morir. Pero no murió. Y, en cuanto se recuperó, volvió a montar en bici.

Una vez que el cubo de acero está muy frío se vierte el líquido y se remueve con un largo palo de madera que parece un pequeño remo. El truco es levantar el líquido a lo largo de la superficie circular dando vuelta al cubo constantemente. Después de unos segundos la mezcla, en contacto con el metal helado, se enfría y se solidifica.

Me emociono como un niño frente a un truco de magia. Volteo a ver a Juan Luis, que me extiende una espátula de plástico. Ahora tengo que raspar todo el estrato congelado otra vez en el fondo del cubo para mezclarlo con el líquido y volver a esparcirlo en los bordes. Una y otra vez. Poco a poco las bajas temperaturas completan el trabajo, y lo que era una mezcla acuosa color rosa pálido ahora es un cremoso helado de mamey.

No se tiene que enfriar completamente, porque lo tenemos que verter en la cubeta del carrito, que también es de acero inoxidable y también está rodeada de hielo con sal, como las otras cinco. Si lo dejáramos enfriar completamente, una vez en el carrito el hielo seguiría enfriando y resultaría imposible servirlo, dado que llegaría a un estado prácticamente sólido.

Lavamos las herramientas y repetimos el proceso con el siguiente sabor, la cajeta.

Juan Luis empezó a trabajar en la esquina entre la calle de Rebollar y José Morán cuando todavía frecuentaba la secundaria. El carrito lo heredó de un heladero que él llama tío, pero que no era pariente de sangre, sino un amigo de familia. Nunca ha dejado de trabajar desde entonces, y hoy, a sus casi 40 años, es representante de una profesión a punto de desaparecer frente a la omnipresencia de los helados industriales. Casi todos sus clientes llevan años comiendo sus helados. Principalmente buscan los sabores clásicos: cajeta y mamey, los que siempre tienen que estar.

—¿Cuál es el secreto de tu helado?

—Yo creo el hecho de que es natural. Uso fruta fresca, no le pongo conservantes, colorantes, y lo hago de forma artesanal, como puedes ver.

Juan Luis trabaja en su esquina de lunes a viernes, los fines de semana descansa y se dedica a sus actividades favoritas, las competencias deportivas junto con su pareja. Se prepara para el triatlón Ironman, en el que participa cada año, el cual se conforma de tres carreras en el mismo día: 3.86 kilómetros de natación en mar abierto, 180 kilómetros en bicicleta y un maratón completo de 42 kilómetros.

El secreto de su trabajo es una vida a contracorriente respecto de lo que impone un sistema hiperconsumista.

Es licenciado en Derecho, pero prefiere hacer helados que litigar en un tribunal. Le permite estar entre la gente, disfrutar de la venta de un producto que hace con amor, y le deja tiempo para hacer lo que realmente le gusta: leer, hacer deporte, estar con su pareja.

El dinero es más que suficiente para cubrir sus necesidades y ser feliz, un equilibrio difícil de alcanzar que le ha costado años.

—Podría ganar más, pero ¿a qué costo?

El costo sería tener menos tiempo libre, renunciar a sus pasiones. Su vida es un ejemplo de resistencia anticapitalista en la tranquilidad de un minúsculo carrito de helados con un rótulo que dice "París".

Empecé este viaje pensando recopilar historias de resistencia. He crecido y me he formado con el ejemplo de la Resistencia italiana, con la "r" mayúscula, la que se opuso al fascismo y al nazismo entre 1943 y 1945, cuando gran parte de Italia estaba ocupada por los nazis y la parte de pueblo antifascista se organizó, se armó, se fue al monte a combatir. Hombres y mujeres que tomaron las armas y las usaron para liberar a Italia de una dictadura asquerosa y forjaron la Constitución antifascista de 1946.

Tenía en mente la resistencia del pueblo palestino frente la ocupación y el genocidio de Israel. Tenía en mente la resistencia del pueblo irlandés frente a la ocupación inglesa. La resistencia de Nelson Mandela frente al *apartheid* en Sudáfrica. La resistencia de los zapatistas frente a la hidra capitalista.

Siempre he considerado la resistencia algo intrínsecamente positivo. Hasta que un día, hace pocos meses, sentado al borde de un lago en el Bosque de Chapultepec, platicaba de este libro con Iohannes, un amigo joyero, artista, migrante, hombre acostumbrado a hacer preguntas incómodas y a ver el mundo fuera de esquemas comunes.

Y Iohannes, después de escucharme con atención, detrás de sus lentes del color del zafiro, preguntó, un poco a mí, un poco a una garza blanca que caminaba a la orilla del lago:

—¿Y quién dice que la resistencia es siempre positiva? ¿No puede ser también que las razones de la resistencia sean positivas, pero sus consecuencias sean terribles?

Sus preguntas me desubicaron un poco. No me había cuestionado la positividad. Y se me ocurrió una frase que repetía siempre mi gran amigo Jaime Avilés a la hora de hacer un brindis: "¡Por la causa y por el efecto!".

Jaime, con su gran ironía y agudez, sabía que estamos dispuestos a sacrificar mucho en nombre de una causa, pero que también hay que cuidar los efectos, para que sean coherentes lo más que se pueda con esa causa y no acaben traicionándola.

Quizás entonces no sea buena por sí misma la resistencia. Quizás a veces sea bueno fluir y recibir el cambio en lugar que oponerse.

¿Y si la resistencia fuera un error?

¿El cambio es inevitable? La única cosa que nunca cambia es el cambio mismo.

¿Por qué es tan importante resistir, agarrarse de algo?

Juan Luis ve el mundo desde la misma esquina. Cuando trabaja trae puesta una gorrita blanca, tiene un cuerpo atlético, una sonrisa, un tatuaje en la pantorrilla izquierda, en el que un tipo está nadando, otro corriendo y otro pedaleando dentro de una letra "m" sobre la cual hay una bolita que intuyo es el gran punto de una "i". Ironman. En los próximos meses entrenará para la carrera de Ironman en Cozumel. Su mejor tiempo hasta ahora: 10 horas con 11 minutos.

Cuando no tiene clientes lee un libro.

Me recuerda al personaje de aquella película con Wayne Wang en la cual un hombre, interpretado por Harvey Keitel, cada día toma una foto desde la misma esquina de Brooklyn. Se llamaba *Smoke*. El guion era de Paul Auster. Es una forma de viajar estando quietos, manteniendo la capacidad de observar, porque el viaje es inevitable.

La búsqueda de la vida, de un sentido, me lleva al encuentro, a exponer el cuerpo y a moverlo hacia el conocimiento y el sentido del

otro. Porque la vida existe y no es abstracta, no está en las redes sociales, no está detrás de una pantalla. La vida está hecha de carne, de olores, de sabores, de dolor, de esfuerzo, de ira, de alegría, de sangre, de fuego, de sonidos, de terquedad, de sueños, de colores, de agua, de vapor, de hielo, de tacto.

Y se tiene que probar y compartir, en ese gesto antiguo que tiene su secreto en dividir el pan con los demás.

Pienso en todo esto mientras saboreo un helado de cajeta y mamey.

Archimboldo culinario

Daniele Catalli

¿Qué es, en el fondo, un libro de recetas?

¿Un libro de recetas acaso es solo una secuencia de ingredientes y de operaciones, una después de otra, igual para todos? Indudablemente no, me parece. En un objeto común se esconde la posibilidad de muchos caminos, la llegada del recuerdo, la sorpresa de una historia.

Tomemos por ejemplo un sencillo papelito: pongamos, la receta del dulce de leche, dejada, en años lejanos, en una cocina compartida, en otra ciudad, por inquilinos argentinos. Una receta que podría encontrar fácilmente en línea. Sin embargo, es en aquel papelito en especial, en aquella especial versión de la receta, en la mancha de azúcar en la esquina, que se condensa una temporada de mi vida —sus olores y sus ausencias.

Donde hay comida hay memoria; y donde hay memoria, la historia personal dentro da cada gesto que repetimos.

Muchos hoy buscan el origen, la receta auténtica: hacen de ella un campo de batalla, una cuestión de honor nacional o familiar. Se trata de nostalgia por el origen, por la pureza de una identidad que no conoce mezcla, ni tiempo.

Pero la realidad, lo sabemos, está amasada con el viaje: las recetas se desplazan junto con el que migra, cambian después de una carestía, se empobrecen en una guerra, se reinventan cuando falta una especia. Son suficientes las estaciones para mezclar el orden del menú; y el mismo plato, cocinado en lugares distantes, cuenta gustos diferentes, gestos diferentes, infinitas pequeñas mutaciones.

La comida, como cualquier lenguaje humano, nunca está inmóvil: muda, se transforma, se adapta. Por esto, las recetas de *Gastronauta* se proponen como relatos de resistencia, de adaptación, de familia y de tiempo.

Me he dejado guiar por el trabajo de Giuseppe Arcimboldo, pintor milanés del Renacimiento, conocido por sus sorprendentes retratos que se componen de fruta, hortalizas, flores y otros elementos naturales que, unidos, dan forma a rostros humanos: cada elemento lleva el rastro de una estación, de una cosecha.

Estamos hechos de lo que comemos, sí; pero también de lo que recordamos, de todo lo que nos ha faltado o que se nos ha donado.

Así, en nuestros archimboldos culinarios, conformados por todos los ingredientes de la receta, lo que importa no es la justa proporción de chile o de leche, sino la vida que aflora desde el plato: una cadena montañosa, un manglar, un fusil, un muro.

Cada receta, entonces, se vuelve un retrato: relata lugares, estaciones, historias y vivencias, e invita al lector a reconocerse en este hermosísimo gran caos que nos acerca a quien cocina, a quien come, a quienes fuimos.

Agradecimientos

Este viaje ha sido largo, intenso, a veces complicado, pero ¡siempre mejor que trabajar!

Ha sido un viaje lleno de diversión, en el que he comido mucho, he cocinado, he reído y, en algunos momentos, he llorado. Ha sido un aprendizaje mágico, gratificante y me ha permitido conocer a personas extraordinarias.

Tengo una larga lista de personas que me han ayudado a construir esta aventura gastronómica con entusiasmo y disponibilidad y que merecen mi agradecimiento.

Antes que todo, agradezco a mi madre, Marisa, y a mi abuela Olga, por haberme enseñado a cocinar y a comer, a desarrollar mi gusto, a entender la importancia del cuidado hacia los comensales. Espero que sus almas sigan acompañando mis andares.

A Iazua Larios, compañera de viaje amorosa durante muchos años, por haber estado a mi lado en las buenas y en las malas: esta vez con una cámara en las manos para documentar con su mirada única, con fotos y videos, gran parte de mis viajes, y con su lectura apasionada y puntual.

Mi papá, por todo el apoyo que me ha dado, sobre todo en los momentos de incertidumbre, desánimo, dificultad, y por sugerir el título de este libro.

A mi hijo Emiliano, imprescindible comensal, incansable masticador de mis recetas, primer crítico de mi cocina.

Daniele Catalli, por su arte y su amistad tricenal, por lanzarse sin paracaídas en proyectos que logramos ver sin tener que hablarlos.

Agradezco también a todos los compañeros de viaje que abrieron las puertas de sus cocinas para permitirme llegar a las profundidades de sus vidas. Sin ellos no habría sido posible nada y a ellos dedico este esfuerzo, con la esperanza de que estén contentos con el resultado. Moisés, Toño, Gloria, Efraín, Pera, Emanuel, Norma, Adrián, Patricio, Yareli, Jenaro, Noé, Grecia, la maestra Lola, Eduardo, Ángela, Vivianne, Elizabeth, Mariana, Ángel, la Tuti, Jorge, la Hija, la Madre, el Padre, el Hermano, Kau, Juan Luis.

Agradezco a mis editores, Enrique Calderón y Eduardo Flores, y a todo el equipo de Penguin Random House que ha creído, una vez más, en un proyecto tan absurdo como un ante colimote.

Agradezco a Guillermo Sánchez y Salvador Frausto, por aceptar publicar en la revista *Dominga* algunos reportajes que fueron parte de esta investigación.

Esta obra se terminó de imprimir
en el mes de noviembre de 2025,
en los talleres de Litográfica Ingramex S.A. de C.V.,
Ciudad de México.